이숙영 산문집

사라지는 것들을 위하여

제이앤씨
Publishing Corporation

사라지는 것들을 위하여
서문 : preface

산문집 내는 마음

살아오는 동안 부끄러운 일들도 많았지만, 그 중에서도 글을 써서 세상에 내어 놓는 일이 무엇보다도 부끄러웠다. 내 글에서 나타내는 내 생각이나 감정은 내 마음의 이상(理想)을 내어 보이는 것이리라. 그런데 이상과 현실은 언제나 차이가 있는 법이니까, 내 일상의 하루하루가 정말 그런 이상적 생각과 정서에 충실하게 살고 있는지 누가 보기라도 한다면, 아무래도 나는 부끄러울 수밖에 없을 것이다. 하지만 달리 생각하면 옹졸하고 비속한 내 생각이나 습관들이 글을 쓰는 동안에 맑아지는 경향도 있는 것 같다.

몇 해 전 처음으로 산문집을 내고서 한편으로는 부끄럽기 짝이 없는 일을 했다는 후회감이 들었다. 생각이나 글이 제대로 여물지 못한 것을 함부로 세상에 내어놓았다는 데서 오는 후회의 감정이었다. 그러나 또 한편으로는 이상하게도 그 부족한 글쓰기를 계속하고 싶은 생각이 아주 없는 것도 아니었다. 마치 산고를 겪는 여자들이, 그 출산의 고통 때문에 앞으로는 다시는 아기를 가지지 않겠다고 생각했다가도, 언제 그랬느냐는 듯이 어느 새 둘째 셋째 아이를 가지게 되는 것처럼, 글쓰기에 대한 내 생각이 내 안에서 오락가락하였다.

다시 내 글을 묶어 세상에 내어놓게 되었다. 나는 그럴 생각이 없었노라고 하면서, 굳이 남 탓을 해가며 그 부끄러운 짓을 다시 하게 된 것이다. 무엇보다 대소가 집안의 식구들이 나를 격려하여 나의 계속적인 글쓰기를 거의 강권하다시피 한다. 시가는 시가대로 친정은 친정대로 집안의 잊혀진 내력과 전통을 돌아보고, 우리 집안 식구들의 인정과 사랑을 결속하는 데 기여를 했다고 나를 부추긴다. 그런데 가장 큰 힘을 보태어 준 사람들은 내 글을 읽고, 그 이야기들을 아주 활발하게 화제꺼리로 삼아준(요즘 식으로 말하면 소통시켜 준) 내 주변의 친구와 다정한 이웃들이었다. 글로 인하여 새롭게 여러 사람들과 만나고 생각들을 나눌 수 있었던 것은 참으로 즐겁고 보람 있는 일이었다.

나도 나이가 어지간히 높은 고지에 이르렀다. 글을 써서 책으로 펴는 일은 나처럼 평범한 사람이 아무 때나 할 수 있는 일은 아니다. 소중한 출판의 기회이므로 무언가 내 글쓰기의 주제를 생각하지 않을 수 없었다. 내가 잘 전할 수 있는 이야기들이 무엇이 있을까. 내가 체험으로 살면서 빚어낸 세월의 무늬는 어떤 이야기들로 나타낼 수 있을까 하는 생각들을 했다. 그러는 과정에서 '사라져 가고 있는 것들'에 대한 나 자신의 사랑과 그리움을 발견하였다. 사람 사는 일이 옛날이나 지금이나 그 바탕에서 변함이 없는 것이라면, '사라져 가고 있는 것들' 속에도 의미 있는 가치들이 숨어 있을 것이라는 생각을 하기도 했다.

사라지는 것들은 얼핏 보면 허무해 보인다. 무한대의 우주 공간에서 우리 티끌 같은 인생은 영원을 생각한다. 영원이란 낱말을 생각할 때마다 우리 유한한 인생은 아무런 존재도 없는 것처럼 보인다. 그러나 우리 인생도 영원을 향해서 자기 존재를 확인하면서 한평생을 살아가기 때문에 우리들 안에는 영원성을 향하는 정신이 있다. 모름지기 인간은 생각하는 갈대라 하지 않는가. 그 갈대는 많은 것을 생각하는 변화무쌍한 복잡한 갈대들이다. 아름다운 지구에서 사는 우리는 오감으로 느끼는 모든 것이 그저 경이롭고 황홀할 따름이다. 사라지는 것들은 사라지기 때문에 소중하고 아름답다고 생각할 수는 없을까.

우주의 삼라만상은 모두가 변해가고, 그 변함 가운데서 나는 어떤 아름다움을 느끼게 된다. 사라진다는 것을 생각하면 이 세상에 존재하는 모든 일들이 값있다는 생각이 든다. 우리 인생 또한 사라짐의 운명을 스스로 안고 있기 때문에 소중하고 행복한 것 아니겠는가. 사라져 가는 모든 현상은 한 편의 드라마이다. 그래서 아름답다. 나 또한 이 드라마 속에서 만남의 기쁨과 이별의 슬픔을 겹겹이 쌓고, 온갖 괴로움을 감당하며 살아왔다. 내 곁을 떠나는 정든 사람들과의 영원한 헤어짐은 인생살이의 허망함을 배가 시킨다. 그렇게 한 편의 인생 드라마는 끝을 맺는다.

그러나 세상은 한 편의 드라마로만 종결되지는 않는다. 대를 이어 이 드라마가 연속되는 한 우리는 영원으로 이어진다. 그래서 나는 나의 드라마 속에서 나를 스쳐 아득한 저쪽으로 사라진 것들 중에, 지금도 캐어내어 꼭 부여잡고 싶은 것들에 애착을 가진다. 사라져 가는 것들에 대한 반성적 되새김을 나의 주제로 삼는다.

책이 나오기까지 여러 사람의 은덕을 입었다. 일찍이 40 여 년 전 내 자식들의 스승으로서 훌륭한 가르침을 주신 학암(鶴菴) 전장억 학장님께서는 이 염천의 더위 속에서 발문 원고를 만들어 주셔서 내게 큰 격려를 베풀어 주셨다. 선생님께는 늘 빚만 지고 살았는데, 무어라 고맙다는 말씀을 올려야 할지 모르겠다.

내 일상의 감사와 마음의 평강을 일구는 황금동교회의 목사님과 교우들의 도움도 잊을 수가 없다. 생활 속의 애환을 함께 나누는 복지회관 여러 친구들의 격려도 나에게는 늘 힘이 되었다. 어려운 출판계 사정에도 불구하고 공들여 책을 만들어 주신 〈제이앤씨출판사〉의 윤석원 사장님께 감사의 말씀을 드린다.

2008년 7월 비 개인 여름 어느 날
저자 씀

사라지는 것들을 위하여

목 차 : contents

제3부

그리워라, 고향 마을 세시歲時 풍경

제4부

다정多情도 병病인 양하여

제5부 세상에게 말 붙이기

제6부 내 잔이 넘치나이다

…지금은 사라지고 없는 풍경이다.
마음으로만 더듬어 보는 내 어릴 적 세월의 강 흔적들.

제1부

무엇이 되어 다시 만나랴

첫 번째 이야기

어느 여름의 귀향

나는 여름방학과 겨울 방학이면 빼놓지 않고 고향 거창엘 갔다. 할아버지와 할머니께서는 고향 산촌에 계시다가 추석 때쯤 올라오시고 겨울에는 서울이 춥다고 또 고향에 가서 계시다가 설에는 서울에 오신다. 기차타고 버스타고 가는 고향 길은 멀지마는 나는 지루한 줄 모르고 설레는 마음으로 고향을 찾는다. 고향에는 객지에 가서 공부하는 대소가大小家, 큰집과 작은집의 언니들이나 친구가 있는 것도 아니지만, 만나면 반갑고 한 달도 안 되는 방학을 즐겁게 놀고 온다. 1940-1944년 사이는, 서울의 남여 중학교는 근로봉사다 뭐다 해서 일주일간을 일을 하고 8월 23일이나 25일 쯤 개학을 한다. 그래서 여름방학은 짧다.

나의 문중門中은 유교적 사상에 젖어서, 재산이 있는 집도 아들은 객지에 보내서 고등교육을 시키지만 여자아이들은 초등학교만 졸업하면 사오년 신부수업을 착실히 하고 시집을 보낸다. 나름대로 부잣집에 시집을 간다. 가난한 집 딸들은 초등학교도 못 가는 형편이지만 각기 형편대로 시집을 간다. 좋은 혼처를 골라서 부잣집으로 시집을 가도 집안이 몰락해서 말년에는 불행한 사람도 있고, 보잘 것 없는 가난한 집에 시집을 가도 자수성가해서 다 복되게 노후를 보내는 사람도 있다.

삼복더위 땡볕에도 대소가大小家 언니들과 친구들과 나는 아름다운 골짜기에 가서 하루를 즐겁게 논다. 밤이면 마당가에 모깃불 놓고 옥수수를 먹으면서 평상에 드러누워서 밤하늘의 달과 별을 보면서, 농촌의 정취를 마음껏 누린다. 겨울 방학은 더 재미있다. 따뜻한 아랫목에서 윷놀이도 하고 쌀과 돈을 여러 사람이 모아서 밤참하여 먹는 재미는 얼마나 좋은 지. 혼자 사는 나이가 지긋한 아주머니는 추운 밤이지만 싫다 소리 안 하고 우리를 반갑게 대해 준다.

마을 언니들은 서울 가서 공부하는 나를 부러워하지만, 정작 나는 모르는 게 많다. 무엇이든지 잘 아는 것은 시골에 있는 언니나 친구들이다. 바느질도 잘 하고, 일도 잘 한다. 일 년에 두 번 여름방학, 겨울방학을 그렇게 논다. 그러면서도 꾸지람을 들을까봐 숙제도 열심이 하고 공부도 틈틈이 한다. 명색이 여학생이라고 가사家事 숙제는 예쁘게 수를 놓아 골무를 만드는 것이다. 그것도 20개를 만들어야 한다. 그런 숙제도 빠짐없이 다 한다. 꼼꼼하게 수를 놓는 나를 할머니께서는 안경을 쓰시고 보시면서 참 예쁘게 잘 놓았다고 칭찬을 많이 해 주셨다. 그런 학창시절을 보낸 것을 생각하면 나는 지금도 할아버지, 할머니, 아버지, 어머니가 항상 고맙다.

그 해 여름방학에도 나는 고향에 갔다. 집안의 언니와 둘이서 아침 6시 서울역을 출발하는 부산 행 완행열차를 탔다. 창가에 좋은 자리에 앉아서 창밖의 아름답게 펼쳐지는 풍경을 감상하면서 우리 둘이는 희희낙락 즐거운 여행을 했다. 그 옛날에는 기차도 얼마나 느리게 가는지 아침 6시에 서울을 떠난 기차는 서울에서 김천까지 6시간이 걸린다. 여섯 시간 만에 김천에 도착하면, 김천역에서 우리가족이 고향 갈 때 단골로 가는 여관에서 점심을 먹는다. 그 시절에는 여관에 들면 마치 여관이 식당처럼 점심, 저녁도 먹을 수 있고 자는 손님은 아침도 먹는다.

점심을 먹은 우리 둘은 김천 역전에서 고향 가는 버스를 탄다. 버스를 타는 손님이 너무 많아 표를 사려고 줄을 섰다. 우리들은 줄 맨 끝에 서서 차례가 되기를 기다렸다. 그때 앞줄에 섰던 남학생이 우리 곁에 와서 표를 하나 사 줄 테니 돈을 달라고 한다. 자세히 보니 서울 어느 전문학교 학생이 둘, 중학 상급반 학생이 둘이다. 언니가 그렇게 하자고 해서 우리는 돈을 건네주고 그들이 사서 주는 차표를 받았다. 줄을 서서 차에 오르니 자기들 앞자리에 우리의 자리를 잡아 놓았다. 바보 같이 나는 인사를 못 했지만, 언니가 고맙다고 먼저 인사를 했다. 자기들이 표를 사 줘서 우리의 행선지를 알고 있다고 한다. 자기들은 거창 읍내까지 간다면서 서울친구들과 방학을 이용해서 놀러간다고 했다. 네 명 중 한 학생의 고향이 거창 읍내 쪽인가 보다.

그 옛날 일제 강점기에 모든 물자는 군에 동원되고 불쌍한 우리

백성들은 차를 타고 가는 길도 순탄치 못했다. 서울의 시내버스는 휘발유가 없어서 아세틸렌이란 연료로 운행했고 지방 오지를 운행하는 버스는 숯으로 가스를 내어 달리게 하는 목탄차다. 비포장도로를 달리는 목탄차는 고장이 잦고 속도도 느리다. 남학생 앞에 자리 잡은 우리 둘은 더위에 지치고 피로해 있는 데, 뒷좌석의 남학생들이 무어라 자꾸 말을 걸어온다. 성격이 활달한 언니가 주로 대답을 했다.

버스는 털털거리면서 시골길을 달린다. 마주치는 차가 지나가면 뿌연 흙먼지가 연막처럼 피어오르고, 더워서 차창을 닫지 못하니까 차안에도 먼지투성이다. 그래도 우리는 상관하지 않고 차창 밖으로 펼쳐지는 아름다운 풍경에 취하여 지루한 줄을 몰랐다. 버스가 얼마나 달려왔을까. 갑자기 차가 멈추더니 고장이 났으니 모두 내리라고 한다. 손님들은 투덜거리면서도 의례 있는 일이라 모두 차에서 내려서 시원하게 뻗은 포프라 나무 그늘 아래 삼삼오오 모여서 이야기를 하면서 쉰다. 우리도 나무 그늘 아래 쉬면서 하늘의 해를 쳐다본다.

해는 많이 기울었다. 짐작으로 3시는 훨씬 넘은 것 같다. 남학생들도 촌로村老들과 마주 앉아서 시국 이야기를 하는지 떠들썩하다. 운전기사와 조수는 땀을 뻘뻘 흘리면서 차를 손보고 있다. 얼마나 지났을까. 한 30분은 걸려서 손님들을 다시 태우고 출발을 했다. 언제 또 고장이 날 지 불안하다. 털털거리는 버스 속은 고요하다. 더위에 지치고 피로해서 모두들 낮잠을 잔다. 나는 내가 좋아하는 소설책을 서울에서 출발할 때 읽기 시작한 것을 거의 다 읽어간다.

버스는 숨 가쁘게 가파른 고갯길을 기어오르고 있다. 해는 이미

설핏하게 서산에 걸려있다. 한참을 털털거리면서 기어오르던 버스는 고개 중턱에서 또 고장이 났다. 모두 내리고 여자들은 타고 있으란다. 우리 두 사람과 아주머니 서너 사람만 남고 모두 내렸다. 고장 난 버스는 겨우겨우 힘을 내서 가파른 고갯길을 기어 올라간다. 사위는 어둠에 묻히고 동쪽 높은 봉우리를 뚫고 밝은 달이 드디어 환하게 웃으면서 우리를 반긴다. 어둡던 차안은 차창으로 흘러 들어오는 달빛을 받아 한결 은은하고 평화롭다. 차창 밖의 넓은 들판은 달빛에 물들어 아스라히 빛난다.

버스는 해발 600고지 우두령 고개를 숨 가쁘게 기어 올라간다. 버스는 또 정지를 한다. 조수가 손님들을 향해서 부탁을 한다. 노인과 여자들은 그냥 앉아 계시고 젊은 남자만 내려서 버스를 밀어 달라고 한다. 시동이 꺼지기 직전의 차는 남자들이 힘껏 밀어 주는 덕분에 무사히 고개 마루에 올라섰다. 내리막을 달리는 버스는 그래도 잘 간다.

이제 버스 안은 한밤중이다. 배도 고프고 지쳐서 모두들 잠이 들었다. 뒷좌석의 남학생들도 서로 어깨를 기대고 잠이 들었다. 조금만 더 가면 우리는 내려야 한다. 언니는 그들을 깨워서 인사라도 하고 내리자고 하지만, 나는 굳이 자는 사람들을 깨우기도 뭐하고 또 언제 만날지도 모르는데, 그냥 내리자고 했다. 곤히 자는 그들을 한 번 더 쳐다보고 나는 마음속으로 오늘 하루 고마웠다고 인사를 했다. 그렇게 우리는 인사도 없이 버스에서 내렸다. 하늘의 달은 밝고 밤공기는 싱그럽다. 달빛을 받아 은은한 넓은 들판에는 여기 저기 논물을 보는 횃불이 도깨비불처럼 타오르고 있었다.

삼 년 동안의 처녀시절을 고향에서 나는 정말로 뜻있게 잘 보냈다. 가문의 법도를 배우면서 또 여자로 태어난 소임을 다하기 위해 침선 범절을 나름대로 열심히 배웠다. 대소가의 언니들도 하나 둘 신행新行 길을 떠나고, 남은 우리들은 봄, 가을이 가는 것을 아쉬워하면서 첫 근친을 오는 언니들을 기다린다. 신행길을 떠난 지 1~2년이 지나면 첫 근친을 온다. 부잣집으로 시집을 간 딸들은 차반도 푸짐하게 차리고 하인들을 거느리고 오지만, 그렇지 않은 딸들은 검소하게 인사치레를 하면서 온다.

그 중에 한 언니가 근친을 왔다. 하인을 거느리고 행차도 요란하게 왔다. 읍내 어느 쪽으로 시집을 간 언니다. 우리는 옛날같이 모여서 달이 기울도록 놀고 언니의 시집살이 이야기도 경청했다. 어느 날 밤 여럿이 모여 밤참을 해서 먹고 노는 중에 그 언니는 나를 유심히 쳐다보면서 내게 묻는다.

"얘야. 너 서울에서 학교 다니다가 여름방학을 맞아 고향에 내려올 때 서울 남학생들 하고 동행을 한 적이 있니?"

나는 의아한 눈으로 언니를 보면서 생각을 해 보았다. 그 언니는 확인하듯 묻는다.

"잘 생각해 봐라. 너는 방학이 되어서 내려오는 길이었고, 너랑 같이 서울에서 온 언니도 있었지? 초등학교 마치고 서울 친척집에 있다가 너와 같이 내려오는 길이었잖아."

잘 생각해 보니, 어느 여름 방학 때 같이 버스를 타고 온 그 남학생들 생각이 난다. 같이 온 그 언니는 시집을 가서 지금은 여기 없다.

모두들 나를 쳐다본다. 그래서 나는 그때 이야기를 상세히 해 주었다. 모두들 한바탕 웃었다. 이번에는 내가 물을 차례다.

"언니! 그게 몇 년 전 이야기인데 언니가 어떻게 알아?"

"얘들아 세상은 넓고도 좁단다. 지금부터 하는 이야기를 잘 들어라."

그 언니가 풀어 놓은 사연은 이러하다. 시집을 가니 손위의 동서도 있고 시아주버니도 계셨다. 서로 낯도 익히고 스스럼없이 대할 때쯤 되어서, 어느 날 집안이 모두 모여서 하는 행사가 있었단다. 술 한 잔을 먹은 시아주버니께서 무엇 한 가지 물어도 되느냐 하시면서, '혹시 제수씨 친정 동네에 서울 가서 공부한 여학생이 있느냐' 하고 물어보기에, 대뜸 내 생각이 나서, 있다고 했단다. 그랬더니 그 시아주버니 된다는 양반이, 아아 그랬었군요. 하면서 시집을 갔느냐고 물어보기에 아직 안 갔다고 대답했단다.

그랬더니, '그러면 내가 한 번 만나보고 야단을 쳐야겠다.'고 하시더라는 것이다. 그때 버스 타고 고향에 올 때의 이야기를 죽 하시면서, 잠을 자다가 눈을 떠보니 언제 버스에서 내렸는지 보이지 않고 작별인사도 없이 사라진 우리가 야속했단다. 그 말을 듣고 언니는 시아주버니께 내 자랑을 했단다. 얼마나 얌전한지 집안에서도 일등신붓감이라고 자랑을 했다는 것이다. 그 시아주버니 되시는 분이 허허 웃으면서, 야단친다는 것은 농담이고, 부끄럼을 많이 타서 그랬겠지요 하더란다. 말수도 없는 나를 그렇게 이해를 해 주시더란다. 지금도 나는 인사성이 별로 없다. 인사를 잘 해야지. 좁은 세상 어디서 누구를 만날 지.

두 번째 이야기

낡은 재봉틀을 위하여

내가 초등학교에 다닐 때, 아니 철들면서부터 안방에 들어가면 귀에 익은 소리가 있다. 한밤중을 제외하고는 시도 때도 없이 들리는 소리. 돌돌돌돌, 재봉틀 돌아가는 소리다. 비록 앉은뱅이 손틀이지만 나의 친정어머니께서 새댁 시절부터 쓰시던 재봉틀이다. 우리 동네에서 재봉틀을 제일 먼저 산 우리 집인지라 동네 아주머니들이 많이 부러워했다. 소위 영국제 오리지널 '싱가SINGER 미싱'이다. 지금 재봉틀처럼 전기 미싱도 아니고, 다기능도 아니다. 그저 여름이면 시원한 대청마루에 내다 놓고 돌리고, 겨울이면 따뜻한 아랫목에서 돌돌 돌리면, 이틀 사흘 걸릴 바느질도 한 나절이면 거뜬히 한다. 손바느질보다 더 반듯하게 된다.

이 낡은 재봉틀은 내가 알기로 80년이 다 되어 간다. 세월의 때가 묻어 볼품이 없다고나 할까. 그 세월의 때 때문에 더 빛이 난다고나

할까. 금색으로 디자인한 예쁘고 아름다운 그림은 거의 보이지 않고, 희미하게 보이는 'SINGER MACHINE'이란 영어 글씨가, 요즘 식으로 말하면, 명품 재봉틀임을 말해주고 있다. 그 옛날 나의 친정 할머님과 어머님께서 손수 장만하신 옷이 모두 이 재봉틀에서 나왔다. 춘하추동을 합쳐서 그 많은 가족들의 의복을 지으실 때 얼마나 많은 도움을 이 재봉틀이 보탰는지 나는 안다. 나도 처녀시절 그 재봉틀을 돌리면서 바느질을 배웠다. 때로는 직선으로 박고 때로는 곡선으로 자유자재로 바느질을 하면 속도도 빠르고 예쁘게 잘 된다.

하루가 다르게 발전하는 지금 세상에서 재봉틀이란 별 것 아닌 기계지만 그 옛날 60-70년 전에는 재봉틀 한 대가 집에 있으면 부자 취급을 받았다. 동네에서도 특히 부인들이 부러워했다. 자기 집에 재봉틀이 없으면 부러워만 했지, 어떻게 할 수도 없었다. 눈치가 있는 친척이나 이웃은 더러 우리 집에 와서 바느질을 하곤 했다. 서투른 솜씨라 때로는 고장도 내지만 웬만한 것은 다 내가 고칠 수가 있으니까 별 문제가 없었다.

옛날 구식 재봉틀이지만 중석重石이 들어 있어서 참 좋은 물건이라 했다. 두꺼운 삼베도 딱딱한 광목천도 굵은 마디도 잘도 박아낸다. 수십 년을 사람에게 봉사한 그 재봉틀은 아직도 그 자태가 의연하다. 어머님께서 물려주신 재봉틀을 나는 지금도 요긴하게 쓰고 있다. 돈만 주면 무슨 옷이든지 살 수 있지만 그래도 나는 때로는 그 재봉틀에 나의 옷을 만들어 입을 때도 있다.

나의 친정 할머님과 어머님께서 소중하게 아끼고 쓰시던 재봉틀을 어루만지고 기름칠로 깨끗이 닦으면서 그 분들의 따뜻한 손길을 느낀다. 지금의 젊은 여자들이야 그까짓 재봉틀을 대수롭게 여기지도 않지만, 그 옛날에는 시집갈 때 재봉틀 한 대 해가지고 가면 대소가의 처녀들은 무척 부러워했다. 낡은 재봉틀이지만 아직도 내게는 소중한 물건이다. 할머님, 어머님의 손때가 묻어있고 숨결마저 느껴지는 낡은 재봉틀.

오늘도 나는 뚜껑을 열고 돌돌돌 돌리면서 아득한 그 옛날 따뜻한 아랫목에서 틀바느질을 배우던 처녀시절을 아스라니 회상해 본다.

세 번째 이야기

옛날 영화보기의 향수

나는 무료하고 심심하면 TV를 벗 삼아 시간을 보낸다. 어쩌다 채널을 돌리면 그 옛날의 흘러간 명화를 반갑게 만나게 된다. 옛날에 본 영화지만 다시 보는 재미도 쏠쏠하다. 또 어떤 때는 1960년대의 한국 영화도 본다. 흑백 영화지만 화면에서 눈을 뗄 수가 없다. 허름한 판자 울타리, 좁아터진 너절한 골목길, 처마가 삭아서 너덜거리는 양철 지붕. 삐걱거리는 쪽대문을 들어서면 코앞이 섬돌이자 쪽마루다. 그래도 다행인 것은 마당가에 펌프가 있는 것이 얼마나 다행인지 모른다.

밥상머리에는 큼직한 사발에 밥이 고봉으로 담겨있다. 많은 식구가 식판에 둘러 앉아 된장찌개 하나로 식사를 하지만 아무런 불평도 없다. 지금 아이들은 그런 밥상을 받으면 먹지 않고 그냥 일어서서 나갈 것이다.

지금은 옛날처럼 밥상을 차려 놓고 어머니가 '애들아 밥 먹어라' 하지 않고 식구들마다 따로 어머니가 물어본다. 순이야 무엇 먹을래, 철수야 무엇 만들어 줄까. 식사 한 끼를 해도 개인별로 차리기 때문에 식당에서 메뉴판을 보고 개인별로 주문하듯이 차려준다. 옛날 흑백 영화 속의 부잣집을 한 번 보자.

제법 번지르르하게 차려 놓고 산다. 기와집에 넓은 대청, 마루에는 자개 찬장도 있고 벽에는 가족들의 사진이 사진관 전열대처럼 즐비하게 걸려 있다. 바깥양반은 중절모에 단장 짚고 나서는데, 제법 의젓하고 부티가 난다. 안방마님은 폭 넓은 양단 치마에 하얀 버선발로 대청마루가 좁다고 오락가락 하면서 부엌어멈을 닦달한다. 그때나 지금이나 빈부의 차이야 똑같지만 사는 방식은 전혀 다르다. 가스레인지 대신 숯불 풍로에 찌개가 보글보글 끓고 마당은 기다란 빗자루로 쓸고 있다. 손님이 오면 지금처럼 "차 한 잔 드세요"가 아니고 물 한 대접을 아니면 설탕물을 한 대접 대접한다.

골목 밖을 나와 큰 길로 나가보자. 제법 번잡한 거리에는 자동차도 달리고 사람들도 많다. 트럭이 짐을 싣고 달리기도 하지만, 산더미같이 많은 짐을 마차에 싣고 큰 바퀴를 굴리면서 줄을 지어서 대로를 지나간다. 미국 서부 영화에서나 봄직한 장면이지만 앞에는 마부가 허름한 바지저고리를 입고 가난에 찌든 얼굴에 하루살이가 벅찬 모습으로 말고삐를 잡고 말과 동무하고 간다.

영화 속에 나오는 배우들도 지금은 타계한 분이 많은 것 같다. 그 옛날 나도 동네 아주머니들과 그런 영화를 보려고 십리길이 넘는 달도 없는 깜깜한 밤길을 7, 8명이 모여서 시내 극장에를 간 적이 있다. 밤 12가 넘는 시간에 집에 돌아오지만, 오는 길은 영화 감상 이야기에 다리 아픈 줄을 모르고 웃고 떠든다. 집에 돌아오면 남편께서는 재미있더냐고 물어보신다. 동네 여자들이 떼를 지어서 갔으니까 걱정은 안 하시지만 못마땅한 표정이시다.

지금처럼 혼란스럽고 불신의 시대에 살고 있지 않는 것 같아서 묘한 향수가 생기기도 한다. 모나지 않고 순박한 인심과 서민들의 진솔한 생활 방식이 볼수록 정겹다.

우리 세대가 살아온 그 시대를 묶은 옛날 영화를 보면서 영화 줄거리야 어떻든 그 시대의 풍속과 생활환경에 나는 아련한 추억과 향수를 느낀다.

네 번째 이야기

서울로 온 고향 처녀들

1942년, 가을쯤으로 생각한다. 그때 나는 초등학교 6학년이다. 그 시절 우리 집은 서울 성북동에 있었다. 전날과 다름없이 아침에 일어나니 마당 수돗가에 낯선 사람들이 모여서 세수를 하고 있다. 할머니께서는 어리둥절 하는 나에게 고향에서 내가 만났던 아이들이니 나가 보라고 하신다. 6~7명의 어린 처녀들은 나를 알아보고 반긴다. 나도 그 중에 두어 사람 말고는 낯이 익다.

방학 때마다 고향에 가서 만나 본 처녀들이다. 옥순이, 복순이, 남주 등등의 처녀들이다. 그들은 입은 옷도 이상하다. 고운 물감도 들이지 않은 누런 광목옷이다. 머리는 두서너 번 땋아서 뒤로 묶고 있었다. 잠시 봐도 얼굴색은 누렇게 떠서 푸석푸석하고 볼은 야위고 손끝은 닳아서 거칠다. 그래도 신발은 까만 고무신이 아닌 운동화를 신고 있었다. 희미한 기억이지만 저 어린 처녀들이 광목 공장에 뽑혀

간 고향 친구들이라는 것을 알아차렸다.

그 날 나는 학교 수업 중에도 그 고향 처녀들 생각에 빠져 있었다. 영등포에서 서울 성북동이 얼마나 먼 곳인데 어떻게 찾아 왔을까. 그날 밤 할머님과 어머니 그리고 가족들이 안방에 모여서 처녀들의 이야기를 들었다. 어린 나는 내용은 잘 모르지만 처녀들이 그 공장에서 몰래 도망 나왔다는 것과 고향을 떠나올 때, 처녀 중에 한 사람이 우리 집 주소를 자기 아버지에게 받아 가지고 보따리 속 깊숙이 숨겨 두었다가 물어물어 찾아왔다는 것이었다. 혹시라도 연락이나 도움을 청할 일이 있으면 우리 집을 찾아 가라고 했단다. 어머니께서는 그 처녀들을 잘 먹이고 고향에 연락을 해서 데리러 올 때까지 우리 집에서 편히 쉬라고 말씀하셨다.

고향 처녀들은 어머니께서 편히 쉬라고 하셔도 종일 일을 거들었다. 넓은 집을 안채, 사랑채 두루두루 깨끗이 청소하고, 일하는 아줌마를 도와서 설거지도 하고 빨래도 한다. 저녁공부를 마치고 뒷방에 가면 처녀들은 자기들 고생한 이야기를 눈물을 흘리면서 이야기한다. 겨울 방학 때 시골에 내려오면 나에게 자기들 집에서 꼭 자고 가란다. 어머니께서는 광목옷을 단벌로 입고 있는 처녀들을 그냥 둘 수 없어서 재봉틀을 내 놓고 바느질을 하여 옷을 해서 입혔다.

어느 일요일 어머니께서는 나를 부르시더니 오늘은 저 아이들을 데리고 창경원 구경이라도 시켜주라고 말씀하신다. 할머니께서도 "그래라, 서울까지 와서 고생만 하고 가면 되겠느냐" 라고 하시며 창경원에라도 다녀오라고 하신다.

우리 집이 있는 성북동에서 창경원은 그리 멀지 않다. 나는 전차를 타고 어머님께서 싸 주시는 도시락을 가지고 처녀들과 놀러 갔다. 처녀들은 생전 처음 보는 여러 동물들과 아름다운 풍경에 넋이 나간다. 얼굴은 기쁨에 환하고 구속이 아닌 자유에 두 눈은 빛났다. 어려움 없이 부모 슬하에서 공부하는 나를 얼마나 부러워하는지 모른다. 세상 물정 모르는 어린 나는 그냥 같이 따라 웃고 하루해가 저물 때까지 구경을 했다.

고향에서는 그때 난리가 났다. 영등포 광목 공장에서 처녀들이 도망갔다는 연락이 왔기 때문이다. 어디로 팔려갔는지, 죽었는지, 돈을 벌어서 돌아온다는 딸들이 없어지다니 이런 청천벽력 같은 일이 어찌 있단 말인가. 이장님을 원망해도 소용없고 부모들은 가슴이 탄다. 일찍 시집이나 보낼 것을 가족끼리 서로 네 탓, 내 탓 해도 아무 소용이 없다. 이장도 걱정이 되고 답답해서 서울 영등포 광목 공장에 가 볼 작정으로 준비를 하는 중에, 서울 우리 집에서 보낸 편지를 받아 보게 되었다. 아이들이 여기 있으니 데리러 오라는 것이었다. 마을 사람들과 부모들은 가슴을 쓸어 내렸단다. 다음 날 이장님과 처녀 아버지 한 사람이 우리 집에 왔다. 이장은 한 번 우리 집에 와 본 적이 있어서 쉽게 찾아왔다.

돈을 벌어서 부모님을 돕겠다는 처녀들의 갸륵한 꿈은 일 년 반 만에 깨지고, 그나마 고생길을 면하고 부모 품으로 돌아 왔다. 그 처녀들은 평생을 살면서 그때의 아픈 추억을 영원히 잊지 않을 것이다. 배가 고파도 자유가 좋고, 부모 형제와 고향이 좋은 것을 후대에게 가르칠 것이다. 아무튼 인생 공부를 많이 하고 돌아갔다.

1~2년 후 그 처녀들은 모두 시집을 갔다는 소식을 전해 들었다. 일제의 강점 하에서 삼천리강산 구석구석 압박 받고 설움 받은 백성이 얼마인지. 정말 그 시대는 수난의 연속이었다.

다섯 번째 이야기

마실[마을] 가기와 텔레비전 보기

옛날 1960년대만 해도 우리 모두는 도시나 농촌이나 할 것 없이 일부 부유층을 제외하고는 가난하고 힘들게 살았다. 그럭저럭 먹고는 살지만 자식들 고생시키는 경우는 허다했다. 힘든 생계를 위해 뼈 빠지게 사느라고 고생이 막심했다. 라디오라도 한 대 있는 집은 마을을 다 털어 봐도 몇 집 안 된다.

그 옛날 어쩌다가 담하나 사이 앞집에서 들려오는 라디오 소리를 얼마나 부러워했었는지. 어쩌다 앞집에서 연속극 대사라도 간간이 들려오면, 우리는 자세히 들을 수 없었기에, 다음 날 그 집 아주머니께 그 연속극 이야기를 듣느라고 공동 우물가에서 시간 가는 줄 몰랐다. 손짓 발짓 하면서 어떤 대목에 가서는 한 숨도 쉬고 하면서 그렇게 입담도 좋게 이야기를 한다. 우리들은 넋을 놓고 듣는데, 마음이 여린 사람은 눈물도 글썽하니 감정을 돋운다. 반면에 꼬이던 이야기가 잘 풀려서 주인공이 행복해지면 자기들 일 같이 기뻐한다.

순진하고 아름다운 마음씨가 시골 아주머니답게 착하기만 하다. 그만큼 그 시절에는 자연도 깨끗하고 사람들 마음도 자연만큼이나 순수하고 맑았다. 그런 부모 슬하에서 자랐으니 아이들도 착하고 바르게 살았다. 세월이 흘러서 조금 더 많이 라디오가 보급되었다. 1964년쯤이던가. 나도 친정동생이 라디오를 한 대 사다 주어서 신주단지처럼 모시고 살았다.

내가 좋아하는 연속극도 듣고, 시간마다 전하는 뉴스를 들으면 세상 돌아가는 것을 조금은 알 것 같았다. 나는 노래를 못 하지만 듣는 것은 즐겁다. 오후 다섯 시만 되면 어린이 시간이 시작된다. 다섯 시 뉴스가 끝나고 나면 어린이 시간 신호음악이 나온다. "꽃과 같이 곱게 나비 같이 춤추며……" 아마 그렇게 시작되는 노래였다. 아이들이나 어른들 할 것 없이 즐겁고 유익한 라디오는 텔레비전이 보급되면서 서서히 그 자취를 감추었다.

1970년대 초반 농촌 마을에서의 텔레비전은 힘과 부를 상징하는 것이었다. 어쩌다 시골에서 도시의 잘 사는 집에 가서 TV를 보고 온 사람들은 그 경이로움에 할 말을 잊는다. 보고 온 사람들의 말인즉 너무 신기하다 했다. 사람이 나와서 이야기도 하고 춤도 추고 노래도 하고 사람이 살아가는 일상을 그대로 보여준다고 했다. 살림 항목 중 TV 수상기는 단연코 일 순위이었으며, 안방 윗목을 자랑스럽게 차지하고 앉았다.

내가 텔레비전이란 낱말을 처음 안 것은 1940년대 초, 초등학교

5~6학년 때다. 텔레비전이 무엇인지는 모르지만 일본사람이 지은 초등학생용 소설에서 텔레비전이라는 물건을 알게 되었다. 나는 그 소설의 내용이 너무 재미있어서 그 책을 하루 만에 다 읽었다. 한 스파이가 적의 작전과 군사 기밀을 다 찍어서 그 내용을 어디서 어떻게 송출을 하여 아군 본부에 있는 텔레비전으로 나타나게 한다는 내용이었다. 텔레비전을 보고 있는 본부의 긴박감 넘치는 분위기가 지금도 인상적으로 남아 있다. 텔레비전이란 생소한 낱말을 대하면서 나는 어린 시절 기이하고 의아한 의문을 가슴에서 지울 수가 없었다.

그토록 신비한 텔레비전이 이 세상에 내 눈앞에 나타났다. 새마을 사업이 한창 번지던 때를 지나, 국민들 생활이 좋아지고 문화생활도 향상되어서 1975년 이후는 소도시나 농촌에도 더러 텔레비전이 보급되었다. 미처 자기 집에 텔레비전이 없는 아이들은 저녁을 먹기가 바쁘게 친구 집에 진을 치고 앉아서 본다. 주인집 인심도 좋아서 초저녁 내내 아이들에게 텔레비전을 보여준다. 그 당시 어른들은 자기들도 재미가 나서 밤늦도록 시청을 한다.

이제는 텔레비전이 없으면 세상 돌아가는 것이 깜깜하다. 시간대에 맞추어 방영되는 재미나는 드라마는 여자들의 눈길을 잡고 놓아주지 않는다. 스포츠는 안방에 앉아서도 세상 끝에서 일어나는 운동 경기를 다 보여준다. 그 뿐이랴. 정치, 경제, 사회, 문화, 각 분야의 모든 지식을 안방에 전해진다.

누구든지 풍부한 지식과 세상 돌아가는 이야기를 다 알 수 있다. 무지할 정도로 백지상태 이었던 건강을 위한 정보는 정말 놀랍고 대단하다. 여자들이 모여서 이야기하는 것을 들어 보면 누구든지 어느 분야든지 척척 박사다. 풍부한 상식과 식견으로 당당하게 이야기 한다. 텔레비전에서 보여주는 연속 드라마는 어쨌든 우리 인생살이임에 틀림없다. 때로는 텔레비전이 미풍양속을 해치고 우리 사회를 오염시키고 사람을 다 버린다고도 한다.

그러나 텔레비전이 없으면 무슨 재미로 살 것인가? 늙어서는 더욱 그러하다. 사라진 것들의 빈자리에 텔레비전이 옴팡 들어앉은 느낌이다. 마실[마을]가는 일이 사라진 것에 텔레비전이 들어 와 있다. 늙으니까 텔레비전이 벗이다.

여섯 번째 이야기

아득한 비감悲感

이 세상에 태어나면서부터 우리는 그 누군가와 인연을 맺기 시작한다. 헤아릴 수 없이 많은 사람들과 운명적으로 만나고 필연적으로 정을 맺고 살아간다. 한평생을 사노라면 기쁜 일도 있고 슬픈 일도 있다. 만나고 헤어지는 일이 수도 없이 많다. 누구든 처음 만날 때는 반갑고 정이 들면 친구도 되고 애인도 된다. 그 뿐이랴. 좋은 사람 만나서 부부의 연을 맺고 백년해로를 하면 거기서 더 좋은 인연이 어디 있겠는가.

배우고 익히면서 뜻을 세우고 입신양명立身揚名하면서 사람의 도리를 다한다. 시간이 머무는 곳에 갇힌 채, 주어진 운명대로 세월을 비켜가면서 살기도 한다. 그러나 시간은 물이 흘러내리듯이 속절없이 흘러서 가고, 어느새 귀밑에 서리가 내리고 청춘은 붙잡을 사이도 없이 곁에서 멀어져간다.

운명적으로 만났던 인연의 끈도 하나, 둘 끊어지고 늙고, 병들고 지친 몸을 가눌 수 없어 넘어지고 또 넘어지면서 절망과 허무 속에서 노년을 보내다가 정든 사람들과 눈물의 이별을 하고, 이 세상에 올 때까지 혼자인 것처럼 아무도 대신 할 수 없는 외로운 길을 홀로 미련도 없이 떠난다. 훌륭한 삶을 살면서 보낸 일생은 값진 만큼 후손들에게는 자랑스러운 가문을 이어가는 지침이 될 것이다.

인생은 공수래공수거空手來空手去라 했던가, 홀로 외로이 떠나는 그 순간을 위하여 그 많은 노력과 눈물겹던 사연도 이제는 모두 비우고 바람 같이 표표히 사라져간다. 훨훨 벗어 던지고 마음도 가볍게 우화등선羽化登仙 한다. 아득한 영원으로.

자식들은 부모님을 위하여 호천강극昊天罔極 그 슬픔을 어찌 다 감당하랴. 장례식장은 울음으로 숙연하고 아무 연고도 없는 사람도 옷깃을 여미고 같이 울어준다. 잘 있으라, 잘 가시오. 세월이 얼마간 흐른 뒤에 애통하던 슬픔도 이별의 아픔도 당신 없인 못 산다고 울며 몸부림치던 사람도 망각의 강을 건너면서 그 쓸쓸함과 외로움을 삭인다.

이 세상에서 잊혀 가는 사람을 위해 사람들은 잠시 그 사람의 명복을 빌면서 다시 한 번 인생의 무상을 한탄한다. 아아, 슬프다. 마음에서 잊혀져가는 사람들, 언제 어디서 다시 만나리.

일곱 번째 이야기

사라지는 것들을 위하여

아름다운 옛날의 서울모습을 다시 찾으려고 지금 한창 바쁘고 부산하다. 청계천 복원 사업이 첫째로 꼽히고 있다. 맑고 푸른 물이 흐르고 천변의 아름다운 풍경이 옛날과 같이 우리 곁으로 다시 돌아온다면 생각만 해도 정말 기분 좋은 일이 아닐 수 없다. 옛날에는 청계천 그 어느 지점에 청계국민학교라는 학교도 있었다. 소박하지만, 서민들의 애환이 서리고 기쁨이 담긴 청계천의 풍경이 아련하다.

내 어릴 적에 전차 길은 지금의 창경궁 앞에서 끝이 났다. 그리고 몇 년 후에는 혜화동까지 전차가 다녔다. 또 몇 녀 후에는 지금의 돈암동까지 전차길이 놓였다. 혜화동에서 돈암동으로 넘어가는 언덕 위에는 동소문東小門이라는 아름다운 누각이 있다. 지금의 홍인지문동대문 보다 규모야 작지만 동대문과 같은 모양의 우아한 동소문은 그 시절 흔히 썼던 말대로 문안시내과 문밖을 구분을 해 주었다. 어디가세요? 물으면 문안에 볼일이 있어서 간다고 대답했다. 성곽도 대단해서 그 성곽을 따라가면 삼청동을 지나 자하문紫霞門으로 연결되어 있다.

삼선교에서 전차를 타고 원남동에서 안국동 쪽으로 가는 버스를 갈아타고, 창경궁 돌담을 오른쪽에 끼고 쭉 올라가면 구름다리 하나가 나타난다. 창경궁에서 종묘로 연결되어 있다. 이른 아침, 등굣길에 그 길을 가노라면 동물들의 울음소리도 들을 수 있었다. 그때는 창경원이라 해서 동물원이 있었다. 여름에는 푸른 플라타너스 그늘이 시원하고 가을에는 그 낙엽을 밟으면서 친구들과 희희낙락하던 꿈 많던 학창시절이 사무치도록 그립다. 어제 다니던 길 인양 눈에 선한 그 길은 지금도 옛날 같이 그대로다.

돈암동 전차 종점에서 미아리로 넘어가는 그 유명한 미아리 고개는 지금도 많은 사연을 안고 버티고 있다. 미아리 고개를 올라가자면 왼쪽으로는 야트막한 주택가다. 옛날에는 허름하고 초라한 동네다. 점을 보는 집이 많았다. 서울사람은 점보는 것을 좋아해서 점쟁이도 많고 굿도 많이 한다. 두세 사람만 모이면 점 보러 다닌다.

성북동에서 개천을 따라서 골짜기로 올라가면 넓은 빨래터가 있다. 거기는 빨래만 하는 것이 아니라, 마전터라고 하여 공장에서 사 가지고 온 광목을 소달구지에 싣고 와서, 큰 가마솥에다 삶고 표백제를 넣고 하얗게 빨아 풀밭에 삼사일 동안 햇볕에 말리면 하얀 광목이 된다. 여자들이 여러 사람이 조를 짜서 날마다 그 일을 한다. 봄에서 여름 한 철을 그렇게 힘든 일을 하고 돈을 벌었겠지. 광목 한 필 무게는 무겁다. 그것을 물에다가 수십 번을 빨아야 하니 젊은 사람 아니면 할 수 없다.

지금은 세상이 많이 변하고 살기 좋은 세상이라 냉장고가 없는 집이 없다. 그러나 그 옛날 서울의 거리 풍경은 지금 생각만 해도 재미가 있다. 삼복더위에 수박이라도 한 두통 사면 동네 얼음가게로 달려간다. 큼직한 얼음 한 덩어리를 사서 자전거 뒤에 싣고 새끼줄로 묶어서 갖고 오면 바늘로 찍고 칼자루로 치면 얼음이 잘게 부서진다. 수박을 파내서 얼음으로 차게 만들어 먹곤 했다.

폭염에 싣고 온 얼음 덩어리는 많이 녹아서 물이 뚝뚝 떨어지고 아이들은 몰려서서 얼음을 한 번 씩 만지다가 어른들께 꾸중을 듣기도 한다. 지금은 사라지고 없는 풍경이다. 마음으로만 더듬어 보는 내 어릴 적 서울의 거리다.

여덟 번째 이야기

내 마음의 사계절

따뜻한 봄 날 산과 들은 꿈속 같이 아름다운 꽃과 바람에 취하고 깊은 산골짜기에서 녹아내린 시냇물은 아직은 차지만, 시냇가에는 재잘거리면서 흘러내리는 물소리에 놀란 버들강아지가 살포시 눈을 뜬다. 봄을 노래하고 찬미하는 소리는 듣는 이로 하여금 정말 봄을 기다리는 보람이 있게 해 준다. 눈 가는 곳은 어디든지 꽃이요 특히 아름다운 저녁노을은 거기가 꽃밭 같이 아름답다. 사람들은 그 꿈속 같은 봄날에 곱게 기르고 가르친 자녀들의 혼사를 서두르고 아름다운 청춘들의 새 출발을 바라보는 것만으로도 인생의 보람을 느낀다. 아름다운 봄의 계절을 즐기면서 밤새 내린 봄비에 지는 꽃을 아쉬워하고 봄날이 가는 것을 서러워한다.

뭉게구름이 하늘 높이 둥실 떠 있고, 작열하는 태양은 천지를 뜨겁게 달군다. 사람들은 녹음을 찾아서 깊은 산 속에서 하루를 보내고,

유장하게 흐르는 강물은 더위에 실려서 끝이 없이 흘러간다. 옛날 산촌에서는 그 더운 여름에도 더위를 잊고 농부들은 열심히 농사일을 한다. 그렇게 일하는 농부들은 거룩하기조차 하다. 자기 몸이 늙는 것도 아름다운 얼굴이 망가지는 것도 염두에 없다. 오직 천직으로 생각하면서 평생을 흙에 산다.

시원한 누마루나 나무 그늘에서 오후 한 때의 낮잠은 그들의 심신을 달래준다. 간간이 부는 시원한 산바람, 들바람이 아니면 농부들은 힘들고 괴로운 농사일을 숨이 막혀서 해내지 못한다. 자연의 순리가 얼마나 고마운지 산바람, 들바람에 일하는 농부들은 가을의 수확을 생각하고 주름 잡힌 얼굴에 환한 웃음이 넘친다.

백화가 만발하고 저녁노을 붉게 피던 화려한 봄이 우리들을 황홀하게 했지만, 계절의 빛깔로 말하면 가을도 봄에 뒤지지 않는다. 높고 푸른 하늘과 곱게 물든 오색의 단풍은 우리들을 손짓한다. 원색의 등산복에 카메라를 어깨에 메고 찾아가는 산은 산이 아니요, 아름다운 낙원이다. 춥지도 덥지도 않는 좋은 계절에 공기는 맑고 산바람은 시원하다. 가족들과 친구들은 희희낙락하면서 하루를 즐긴다.

구름 한 점 없는 파란 하늘에 비쳐 보는 빨간 단풍잎은 어찌도 아름다운지 절로 탄성이 터진다. 손가락으로 가리키면서 너도 나도 좋아라하며 사진을 찍고 자기 모습을 자연에 담는다. 나도 그런 하루를 보내면서 도시에서 직장 생활을 하는 아이들 생각에 공연히 미안하다. 이렇게 아름다운 곳에 와서 하루라도 쉬어 갔으면 얼마나 좋으랴.

오색 단풍을 벗 삼아 가는 산행은 버스가 한 굽이를 돌 때 마다 펼쳐지는 들녘의 풍경으로 가을을 만끽할 수 있다. 황금 들판에는 허수아비의 패션도 세월 따라 바뀐다. 옛날 촌스럽고 어수룩한 허수아비가 아니라 멋쟁이 남자 허수아비도 있고 화려하게 단장한 여자 허수아비도 있다. 허수아비만 보아도 지금은 옛날이 아님을 실감한다. 무르익어가는 가을에는 도시의 가로수의 아름다운 풍경도 좋고, 낙엽지는 보도를 걷는 것도 운치가 있다.

깊어가는 가을 밤, 이제는 낙엽이 떨어지고 비에 젖어 휩쓸려 뒹구는 낙엽은 인생의 황혼을 피부로 느끼게 한다. 만추의 바람이 길거리에 스산해도 황홀하던 오색의 단풍이 빛을 잃고 거리에 뒹굴어도 자연은 또 새 봄의 기약이 있기에 가는 가을이 아쉬워도 우리는 새 희망을 가슴에 담는다. 청명한 가을 날 나는 홀로 직지사 계곡의 노란 은행나무 잎을 찾아갔다. 옹달샘에 물 뜨러 가던 그 길의 황금빛이 찬란한 그 은행나무를 망연자실 쳐다보면서 만감이 서려온다.

깊어가는 가을을 아쉬워하고 가는 가을을 애달파 했거늘, 벌써 산간 고지에는 서리가 내리고 유명한 높은 산에는 눈이 온다는 소식이 전해진다. 한겨울의 추운 날씨는 만물이 꽁꽁 얼어붙어서 정말 그 무덥던 여름이 그리울 때가 있다. 카랑카랑한 겨울 하늘은 손을 대면 베일 것 같다. 겨울밤 밤하늘은 유난히 별이 반짝인다. 한참 쳐다보면 그 빛나는 별들이 내게로 쏟아져 내리는 것 같다.

나는 추운 줄도 모르고 내가 좋아하는 별을 찾아 밤하늘을 헤맨다. 북극성, 북두칠성, 삼태성, 샛별 등등 가슴에 담은 이 많은 보석을 누구에게 줄까? 겨울밤, 달이라도 밝으면 등불 대신 달빛을 벗 삼아 친구 찾아 놀러 간다. 대소가의 아주머니들은 우리를 위해서 밤참도 준비해 주고 달이 기울 때까지 놀았다. 달 밝은 밤, 내린 눈이 녹지 않아서 겨울밤은 더욱 밝다. 그 겨울 밤 경치가 너무 순결하고 좋아서 나는 칠십 고개를 훨씬 넘어도 그런 밤을 잊지 못한다.

골목에 인적이 끊긴 깊은 밤. 달과 눈에 취한 검둥이 개는 자다가도 달을 보고 컹컹 짖어 댄다. 추운 겨울이 가고 나면 또 어김없이 봄은 찾아오리라. 이렇게 세월은 흘러간다. 인생도 흘러간다. 끝 간 데 없이 흘러가는 세월을 누가 잡으리오. 겨울이 가고 봄이 오듯이 유한한 우리의 인생도 자라나는 자녀들을 보면서 희망으로 살아간다.

아홉 번째 이야기

세월의 강을 바라볼 때마다

십년 만에 찾아온 무더위라지만 눈 깜짝할 사이에 지나가고 이제는 아침 저녁으로, 소슬한 바람이 불어온다. 오동잎 한 잎 떨어지면 천하에 가을이 온다고 했던가. 어김없이 계절은 바뀌고 또 찾아와도 우리들의 일상은 다람쥐 쳇바퀴 돌듯이 변함이 없다. 그러나 그 변함없는 일상을 자세히 들여다보면 천 가지 만 가지가 변하고 있다.

젊은 엄마들은 봄에 입혔던 아이들의 옷이 가을에 입혀보면 품도 맞지 않고 바지 기장도 많이 짧다. 봄, 여름 사이에 부쩍 자란 아이가 대견해서 엄마는 귀여운 아이의 엉덩이를 토닥거리며 아이와 눈을 맞추면서 기쁨의 미소가 입가에 번진다.

그 아이들이 자라서 중학교, 고등학교에라도 다니면 부모는 눈코 뜰 새 없이 몸과 마음이 바쁘다. 오직 아이들 뒷바라지에 세월이 어떻게 지나가는지도 모른다. 돌이켜보면 아이들로 인해서 오직 희망이 충만하니까 그 시절이 인생의 황금기이다.

아이들이 결혼을 해서 가정을 이루고 제 몫을 하게 되면, 봄, 가을이 다르게 자라던 아이들처럼 이제는 부모들에게 봄, 가을이 다르게 늙음이 찾아온다. 문득 낙엽 지는 소리에 놀라고 꽃송이처럼 펄펄 날리는 눈송이를 하염없이 바라보며, 살 같이 빠른 세월에 기쁨보다는 어느새 젊음의 강을 건넜음을 실감한다. 귀 밑에 서리가 내리고 먼지 같은 세월이 켜켜이 쌓이고 쌓여서 초라하고 보잘것 없는 모습으로 변해있다. 강물 같이 흘러간 지난 세월을 반추하면서, 여기저기 아파 오는 몸을 쓰다듬는 손길이 허전하다.

되돌아 올 수 없는 젊음의 강을 열두 번도 더 건너면서 머지않아 삭풍에 휘날리며 바스러지는 가랑잎처럼 우리 인생도 허공에 휘날리며 영원으로 갈 것이다. 가는 세월을 뉘라서 잡으리. 이미 건너버린 젊음의 강은 되돌아 갈 수 없다.

어디 사람뿐이랴. 이 세상에 존재하는 모든 것은 한번 왔다가 가는 것이 자연의 섭리인 것을……. 다 알면서도 그를 애달파하니 어디 나만의 생각이겠는가.

그러나 어쩌랴. 슬퍼할 것도 아쉬워할 것도 없다. 내리 사랑의 기쁨을 누리면서 순리대로 살자. 내게는 자랑스럽게 자라나는 자손들을 바라보는 기쁨이 있다. 주야로 흐르는 강물같이 뒤돌아보지 말고 흘러가자. 건너버린 젊음의 강은 추억 속에서만 존재한다.

열 번째 이야기

속도가 밀어낸 것들

지금 세상은 초스피드의 시대이다. 오토바이도, 자동차도, 기차도 초고속으로 달리지 아니하면 직성이 풀리지 않는다. 그래서 사람들은 성질도 급해지고 참을성도 없나 보다. 유서 깊은 문경새재 길도 험난하고도 위험천만이던 이화령고개 길도 지금은 아무 쓸모없는 길이 되었다. 중부내륙고속도로가 개통되면서 직선으로 뚫린 터널이 관통되었기 때문이다.

열두 고비도 더 휘돌아 끝도 없이 구불구불하여 위태롭기 그지없던 이화령고개를 이제는 굼벵이 같은 버스가 기어 올라가지 아니해도 된다. 초고속으로 터널을 통과하는 그 속도감이 얼마나 쾌적하겠는가. 그러나 굼벵이 같은 버스를 타고 구불구불 기어 올라가는 이화령고개도 할 말은 있다.

개나리, 진달래가 만발한 산등성이를 바라보면서 봄이 우리곁에 왔음을 반기고, 차창으로 스쳐가는 봄의 정취에 취해서 입가에는 절로 기쁜 미소가 번지던 그 길이다. 여름은 여름대로 우거진 숲과 녹음에 눈이 피로한 줄도 모르고 계곡의 아름다운 풍경에 나를 잊었던 그 길이다. 가을에 단풍이라도 곱게 물들어서 만산홍엽이 되면 사람들의 마음은 가는 세월이 아쉽고 늙음이 한스럽다. 아름다운 가을이 가기 전에 단풍놀이를 한 번이라도 더 간다고 가던 그 길이다. 저 멀리 계곡에 백설이 수북이 쌓이고 산마루마다 나뭇가지마다 쌓인 눈을 바라보면 적막강산이 따로 없다. 그 호젓한 적막강산의 정회를 남겨주던 그 길이다.

이 세상에 오직 나 혼자만이 외롭고 쓸쓸하다. 아름다운 사계절의 풍광을 가슴에 담으면서 여러 번 오르내리던 이화령고개를 추억 속에 간직한 채, 나는 이제 내륙고속도로의 터널을 관통하여 이화령을 지난다. 터널 안 차 속에서 나는 눈을 감고 옛날 굼벵이 버스로 꼬불꼬불 휘돌아 넘던 그 이화령고개를 넘는다. 눈은 감았지만 봄, 여름, 가을, 겨울의 아름다운 풍경이 가슴 가득히 파노라마처럼 밀려온다.

길이 바뀌고 달라지면 마침내는 세상이 달라진다고 했는데, 이렇듯 어지럽게 새 길이 산허리를 관통하여 나고, 또 나면, 어떤 천지개벽할 세상이 오려는가. 너무들 쉽사리 옛날 것들이 사라져 간다. 나는 옛 길이 좋고, 옛 길 따라 살아나는 옛 세상의 모습이 더 친숙하다.

열한 번째 이야기

사라진 실개천

겨울동안 꽁꽁 얼었던 산골짜기의 눈과 얼음이 녹으면, 마을 앞 실개천에는 하루가 다르게 봄기운을 실은 맑은 물이 졸졸 흐른다. 겨울 내 묵었던 이불빨래도 하고 새댁들은 찬거리 나물도 씻고, 방금 뜯어온 봄나물도 이마를 맞대고 정갈하게 씻는다. 때로는 이마를 맞대고 시집살이 고단함에 서로 하소연 하면서, 그리운 친정어머니 생각에 눈물 한 방울을 흘러가는 실개천에 띄워 보낸다.

봄에는 노란 송화 가루가 바람에 흩날려서 물위에 흘러가고, 실개천은 곱게 봄단장을 한다. 가을이면 알밤이 시도 때도 없이 둥둥 떠내려 오면 아이들은 알밤 줍기에 신명이 난다.

지금처럼 콩나물을 사서 먹는 것도 아니고, 동이에다 싹을 틔워서 길러먹던 그 시절. 실개천 가에는 콩나물동이가 나란히 서있다. 누구든지 자기 콩나물 동이에 물을 주기 시작하면 네 것 내 것 없이 차례대로 다 물을 준다. 미처 콩나물이 자라지 않으면 누구랄 것도 없이 한 바가지 뽑아가도 아무도 탓하지 않는다. 참 인심도 좋아라.

추운 겨울 실개천이 꽁꽁 얼어도 방망이로 얼음을 깨고 산더미 같은 빨래를 눈빛같이 하얗게 빤다.

그러나 시집살이 고단한 새댁은 한 방울 눈물을 희고 고운 빨래에 떨어뜨리고 황망히 일어선다. 돌다리를 건너가던 오빠들은 누이들이 나물이라도 씻으면, 조약돌을 던져서 물방울을 튀게 하고 재미있어한다. 그뿐이랴, 주야로 졸졸 흐르는 실개천은 마을 여자들의 웃음소리와 그 많은 이야기와 애환을 싣고 영원히 흘러간다.

올해 늦은 봄, 모처럼 나는 친정의 부모님 묘소에 성묘를 갔다. 생각지도 않던 친정길이라 마음은 기쁘고 한편 부모님 생각에 눈물부터 앞선다. 십여 년 만에 가는 친정나들이다.

냇가에는 물레방아가 옛날처럼 빙빙 돌아가고, 울창한 버드나무 숲은 옛날과 변함없이 푸르다. 꿈에도 못 잊는 버드나무 숲은 먼저 나를 반긴다. 아무도 반겨주는 사람은 없지만 나는 만감이 서려온다. 마을 들어가는 오솔길은 간 곳없고, 시멘트로 길을 잘 닦아서 차가 실개천 앞에까지 와서 멈춘다.

차에서 내린 나는 내 눈을 의심하고 가슴이 철렁 내려앉는다. 실개천이 흔적도 없이 사라지고 시멘트로 실개천을 복개를 해서 나를 슬프게 한다. 나의 처녀시절의 고운 꿈과 추억이 묻힌 것이다. 실개천을 잃어버린 나는 그저 망연자실할 뿐이다. 이렇게도 가슴시리고 허망할 줄이야. 나의 아름다운 유년시절도 영원히 없어졌다.

세월도 많이 흐르고, 산천도 변한다 하지만, 돌아서는 발걸음이 못내 서운하다. 성묘를 마치고 돌아오는 차안에서 나는 생각한다. 수많은 추억이 어려있는 사라진 실개천은 내 가슴속에서 영원히 흐를 것이다.

열두 번째 이야기

만추의 들녘에서

세월이 쌓이고 나이가 들면서 흘러간 세월이 그립다. 다시 돌아오지 않기에 뒤돌아보는 세월이 소중하다. 괴로운 일도 많았지만, 기쁘고 즐거운 일도 많았다. 세월이 살과 같이 빠르다고 했던가. 만산홍엽도 눈 깜짝할 사이에 지나가고 그 아름다운 계절은 추억뿐이다.

내가 좋아하는 황금빛의 은행잎도, 아기 손같이 예쁘고 빨간 단풍잎도, 차가운 늦가을 바람에 떨어져 이제는 볼품없는 가랑잎이 되어서 길 가는 사람의 발길에 흔적도 없이 바스러진다. 옛날보다 곱게 차려입은 허수아비는 쓸쓸한 모습으로 빈 들을 홀로 지키고 있다. 솜털같이 희고 부드러운 억새풀은 산자락마다 두 손을 높이 들고 푸른 하늘을 향해 손짓하면서 깊어가는 가을을 서러워한다.

냇가에 우거진 갈대는 은빛 머리카락을 풀어헤치고 고개를 좌우로 흔들면서 슬피 울고 있다. 모두 가을이 떠나는 것이 슬픈 것이다.

아름다운 가을이었기에……. 석양이 곱게 물든 저녁노을의 바다를 헤엄치듯 날아가는 철새들의 군무는 낙조 청강의 한 폭의 아름다운 그림이다.

쌓이는 낙엽만큼 그리움도 세월도 쌓이는 만추의 계절, 깊어가는 가을밤을 중천에 높이 뜬 밝은 달은 외로움에 혼자 울음을 삼키면서 밤을 지새운다. 아쉬움과 그리움이 묻어나는 만추의 풍경이다.

아아! 만첩청산은 간 곳 없고 이렇게 황량한 들과 산에서 자연은 누구와 벗 하면서 찬란한 새 봄을 맞을 것인가? 나는 텅 빈 들판에 서서 깊은 사색에 잠긴다. 인간사도 가고 아니 오는 것이지만, 이렇게 저물어가는 인생의 끝자락에서 곱게 물든 저녁노을의 아름다움처럼 천 갈래 만 갈래의 힘들었던 인간사의 끈을 고운 무지개 빛으로 엮어 본다. 생활의 아름다움이 배어나온다.

만추의 들녘에 서서 닫쳐진 마음의 문을 활짝 열어 본다. 인생은 아름답다고 생각하고, 환하게 웃어본다.

열세 번째 이야기

식되백이

지금은 도시에서나 시골에서나 많은 사람들이 아파트에서 편안하게 살고 있다. 바람이 불어도, 눈이 와도, 세찬 비가 내려도 신발 한 켤레 들여놓지 아니해도 비설거지를 할 필요도 없다. 얼마나 편한 생활인 지 모른다. 모든 생활용품은 전부 전기가 다 해준다. 밥도, 빨래도, 청소도. 그래도 요새 젊은 사람들은 힘들고 피곤하다고 푸념을 한다.

반질반질 윤이 나는 넓은 거실 한 쪽에는 냉장고가 대문짝만하게 버티고 있고, 뒤 베란다에는 김치냉장고, 세탁기 등등이 놓여 있다. 그 중에서도 나의 눈에 뜨이는 것은 쌀독이다. 손가락으로 누르기만 하면 하얀 쌀이 일인 분, 이인 분 분량에 맞게 나온다. 모두들 핵가족 시대이니 기껏 많이 해야 사인 분이 조르르 흘러나온다. 옛날사람들이 보면 입을 다물지 못할 것이다. 정말 편리한 세상임에는 틀림이 없다.

부잣집 대청마루 한 구석에는 고목나무로 짜서 반들반들하게 손때가 묻은 뒤주가 있다. 그렇게 놓인 뒤주는 그 집의 가족이 얼마나 많은 지를 말해준다. 쌀 두 가마니를 부어도 꽉 차지를 않는다. 아침이나 점심이나 저녁이나 밥을 할 때는 그 집 큰 며느리가 쌀을 퍼서 부엌 어멈에게 내 준다. 손으로 퍼내지도 못하고 조그만 조롱바가지로 퍼낸다.

한 번 뒤주에서 쌀 퍼내는 일을 맡은 조롱바가지는 쉽사리 바꾸지 않는다. 어쩌다 금이라도 가서 깨지면, 알뜰한 큰 며느리는 송곳으로 구멍을 뚫어서 얼기설기 실로 꿰매서 그냥 쓴다. 아까워서가 아니라 그 조롱바가지를 바꾸면, 집안에 액운이 든다고 해서 여간해서는 버리지 않고 그냥 쓰는 것이다.

그 조롱바가지는 여자들이 냇가에서 물을 한 움큼 손으로 뜰 때의 크기만 하다. 흔히들 쌀 한 되를 한 되박이라고도 한다. 한 되박이 다섯이면 반말, 열 되박이면 한 말 이렇게 셈하면서 생활을 했다. 그 시절에는 1kg이 얼마인지 감도 잡지 못했다.

물건에는 무엇이던지 이름이 있다. 십 년을 하루같이 뒤주에서 쌀을 퍼내는 그 조롱박의 이름은 '식되백이'이다. 이 말이 표준말인지 또는 경남지역 방언 인지는 모르겠으나, 내가 처녀 적이던 1940년대 서부 경남 지역의 일반 집에서 널리 쓰던 말이다.

대가족시대에 살면서 오직 맏며느리만이 식되백이의 주인이다. 식되백이를 그 집 맏며느리가 관리하는 한, 그 맏며느리의 권한도 대단했다. 오늘 저녁에는 사랑에 손님이 네 분 계시는데, 식되백이로 쌀을 얼마나 더 해야 하나? 쌀을 퍼내면서 큰 며느리는 손아래 동서에게 의논을 한다. 부자든 가난한 집이든 '식되백이'는 꼭 조롱바가지로 정해져 있었다.

요즘에야 그 시절처럼 대가족제도로 사는 집도 없어졌고, 이렇게 뒤주에서 부엌으로 쌀 퍼내주던 조롱바가지의 기능도 사라졌으니, 어찌 '식되백이'란 말도 살아남을 수 있겠는가.

열네 번째 이야기

사진 보는 날

내 방에는 여러 개의 사진이 걸려있다. 손자손녀들이 아직 초등학교시절의 예쁜 모습으로 가족사진의 앞자리에 앉아 있다. 이렇게 우리 가족들이 가족사진의 액자 안에서 나를 쳐다보고 있다. 아침저녁으로 보는 사진이지만 내가 사랑하는 가족들이기에 볼 때마다 기쁨이 넘친다. 딸을 키워보지 못한 나는 어린 손녀자매가 활짝 웃고 있는 사진을 보면 그 예쁜 모습에 절로 웃음이 난다.

하루는 옷장 서랍을 정리하다가 보자기에 쌓여있는 사진 보따리를 꺼내보았다. 내가 아주 어릴 때의 사진 한 장이 나의 눈을 사로잡는다. 세상에 나도 이럴 때가 있었나싶게 볼수록 감개무량이다.

아이들 사진을 본다. 비록 희미한 흑백사진이지만 우리 아이들의 어릴 때 사진을 여러 장 골라서 손에 들고 보니, 고생스러워도 그 시절로 돌아가고 싶다. 아이들이 자라서 객지에 나가 공부할 때, 몇

장 씩 보내주던 사진들을 본다. 그 무렵 어려운 형편에 객지에서 공부하느라 고생했을 아이들 생각에 새삼 가슴이 저려온다. 멋진 학사모를 쓰고 찍은 대학 졸업사진은 열두 번을 봐도 자랑스럽다. 군대에 입대를 해서 고생을 해도 환한 웃음으로 나를 쳐다보는 군복의 아들들은 대견하고 자랑스럽다. 역시 내 아이들이 내게는 최고다. '아들들아, 속 한번 안 썩이고 장성한 너희들을 내게 보내주신 우리 하나님께 진심으로 감사를 드린다.' 다음은 아이들의 결혼사진을 바라보면서 느끼는 바가 많다. 훤칠한 신랑 곁에 곱게 단장한 신부의 모습은 나를 기쁘게 한다. '너희들 다복하여라. 기쁨이 배가 되어라.' 그들의 새 가정을 위하여 기도한다. 그들 새 가정을 돌보아 주시고 축복해주실 하나님께 감사를 드린다.

마지막으로 빛바래고 구겨진 한 장의 사진을 손에 들고 나는 울었다. 내가 보기에도 생소한 젊은 날의 우리의 결혼사진이다. 이 한 장의 사진으로 인하여 반세기를 같이 살면서 희로애락의 순간들이 주마등처럼 뇌리를 스쳐간다. 반세기를 살았건만 한 순간처럼 느껴진다. 유수 같은 세월이 아니라, 살 같은 세월이었다. 가족들에게 최선을 다하지 못한 것이 가슴속에 앙금으로 남는다. 반 백 년의 세월을 한 시간 만에 다 보고 나는 속으로 외쳤다. 길고도 짧은 한 평생이 다 지나갔구나. 내 마음속에는 스산한 바람이 불고 자식들을 내 품에서 떠나보낸 아쉬움과 허전함이 몰려온다. 이제 나는 혼자다. 그러나 보고 싶은 아들들을 사진으로 볼 때, 나는 외롭지 않고 든든한 울타리에 내 마음은 기쁨으로 충만 한다. 남는 것은 사진뿐이라 했던가.

열다섯 번째 이야기

조금씩 사라져 간 것들

십 몇년 전의 이야기다. 내가 사는 우리 집 바로 옆에는 꽤 넓은 공터가 있었다. 부지런한 동네 아주머니들은 그 공터를 조금씩 나누어서 봄이면 고추포기도 심고, 엇가리 배추도 가꾸며, 가지나 호박 등 여러 가지 채소를 심어 길렀다. 풀도 뽑고 물도 주면서 그 일을 낙으로 삼고 낯익은 이웃끼리 모여서 동네 이야기에 꽃을 피운다. 누구네 집이 반찬 사정도 훤하고 어떻게 사는 것까지 알고 있다.

그 공터에 아파트가 들어서게 되었다. 그리고 또 우리 집 뒤에는 야트막하지만 아름다운 숲이 있었다. 아침 일찍 그 숲에 오르면, 공기도 맑아서 기분이 상쾌하다. 봄이면 청아한 목소리로 꾀꼬리가 아름다운 노래를 부르면서 봄이 왔음을 제일 먼저 알려준다. 꾀꼬리뿐이랴. 그 숲에는 까치, 뻐꾹새, 이름 모를 새들의 합창에 귀가 울리면서 한 두 시간 즐거운 마음으로 산책을 하고 온다.

아이들이 내 곁을 떠난 후, 남편과 아침 산책을 하면서 하루의 일과를 시작했다. 오월 초여름이면 아카시아 꽃이 만발을 해서 그 향기는 바람을 타고 온 동네를 어지럽게 한다.

그런데 드디어 넓은 공터에 아파트 공사가 시작되었다. 아파트를 분양한다는 선전문이 그럴듯하다. 우거진 숲 속에 꾀꼬리가 노래하고 아카시아 향기가 그윽한 좋은 곳에 아파트를 장만하시라는 문구가 적혀있다. 거짓말은 아니다. 입지조건이 너무 좋다. 초등학교를 비롯해서 남녀 중·고등학교가 코앞에 있고 시외 버스터미널이 십 분 거리에 있으니 교통도 편리하고 정말 좋다. 우리도 정든 옛집을 버리고 그 아파트에 입주를 했다. 편리한 생활을 하면서 아름다운 꾀꼬리의 노랫소리도 듣고 그윽한 아카시아의 향기를 맡으면서 때때로 공기 좋은 숲을 찾아 소일을 했다.

그렇게 좋은 시절이 십여 년이 흘러갔다. 그런데 하필이면 그 숲을 뚫고 고속철도가 지나가게 되었다. 아름다운 숲은 간 데없고 꾀꼬리의 아름답고 청아한 노랫소리도 이제는 들을 수 없다. 아카시아의 향기롭고 짙은 향기도 맡을 수 없다. 꾀꼬리의 노래대신 지축을 흔드는 기차소리가 하루 종일 들리고 숲이 사라진 삭막한 곳은 부끄러운 나신을 드러낸 채 붉은 흙만 가득하다. 편리한 생활과 한나절이면 서울에서 부산까지 달리는 기차라지만, 나는 그렇게 좋지만은 않다.

아름다운 숲이 그립고 꾀꼬리의 노랫소리와 사람을 취하게 하는 아카시아 향기를 맡고 싶은 생각이 간절하다. 누구의 말이었던가. '그때가 좋았네.' 라고. 숲이 사라진 지금, 나는 그 숲을 그리워하면서 꾀꼬리의 노랫소리를 환청으로 듣고 아카시아 향기를 마음으로 맡으면서 사라져버린 숲을 그리워하면서 눈을 감고 서 있다.

열여섯 번째 이야기

태엽 감는 시계

그 옛날, 아주 먼 옛날 우리 아이들이 초등학교에 다닐 때다. 그러니까 40년도 전의 일이다. 누구나 다 그때는 그렇게 어렵고 힘들게 살던 시절이다. 해가 뜨면 아침이고 해가 지면 저녁이다.

우리는 기찻길 옆에서 여러 해를 살았다. 아침 일찍 지나가는 기차는 통근열차다. 그때는 아침을 먹고, 또 무슨 열차가 지나가면 그 열차를 기준으로 점심때라고 시간 대중을 하면서 살았다. 집 안에는 시계가 없다. 지금이야 시계가 넘쳐나서 유치원 꼬마들도 고사리 같은 손목에 차고 다닌다. 우리도 어찌어찌해서 조그만 탁상시계를 하나 장만했다. 남편의 귀가가 늦으면 시계부터 본다. 밤10시가 다 되어간다. 왜 이리 늦으실까 걱정을 한다.

아침 6시면 시계를 보고 아침식사 준비를 하고, 밤 9시가 되면 아이들은 하던 공부를 멈추고 잠자리에 든다. 옆집에도 우리와 같은 시계를 샀다. '우리 내일 몇 시에 김천 장에 갈까?' 하늘에 뜬 해를 보고 짐작하던 시간을 이제는 시계를 보고 약속을 한다.

어쩌다 태엽이 다 풀려서 시계가 멈추면 다시 손가락으로 빽빽이 돌리면 시계는 어김없이 찰칵찰칵 다시 시간 맞추어간다. 손목시계도 마찬가지다. 태엽만 감아주면 잘 간다. 그런데 세상이 하루가 다르게 발전을 해서 지금은 그런 수동시계는 없다. 전지가 다 닳으면 배터리를 사서 갈면 된다. 편리한 세상이다.

남편이 계실 때는 그런 것은 남편께서 다 하시고 나는 해본 적이 없다. 홀로 있는 내 집에는 방마다 시계가 있고 내 손목에도 시계가 있지만은 한 번 멈춘 시계는 가지 않는다. 가게에 가서 전지를 사다가 꽂아 줘야 간다. 조금은 번거로워서 꼭 필요한 곳에 있는 시계만 전지를 사다 넣는다.

오늘도 가게에 건전지를 사러, 빗속을 우산을 쓰고 가면서 나 혼자 독백을 한다. 옛날에 태엽만 감아주면 째깍째깍 잘도 시간 맞추어 가던 그 시계가 참 좋았고 편리했었는데.

아득한 옛날 수동으로 시간을 알려주던 그 시계를 아이들과 애지중지 하면서 좋아했던 그때가 새삼 생각이 난다.

열일곱 번째 이야기

기적 소리 汽笛

늙어서 나이가 들어가면 유별 친구의 존재가 고마움을 알게 된다. 자식이 주지 못하는 즐거움을 친구가 준다는 말이 공연히 있는 말은 아닌 것 같다. 그래서 노년이 행복하려거든 서로 공감이 깊고, 흉허물 상관없는 그런 친구를 가지라고 하지 않았던가.

늙을수록 오래 이야기 나눌 수 있는 친구가 그립다. 친한 친구와 사귐이 깊어지면, 친구의 슬프고 고운 이야기는 그것이 곧 나의 슬프고 고운 이야기도 되는 것 같은 생각이 든다. 이것이 곧 우정의 이치인지도 모르겠다. 더구나 노년에 들어 친하게 된 친구는 세월과 더불어 아프게 살아 온 사연들에 진한 공감을 나눌 수 있다. 친구의 아프고 고운 이야기를 따라 가 본다.

무남독녀 외동딸로 귀하고 곱게 자란 새댁은 오늘도 추운 날씨에 이른 아침부터 종종걸음으로 집안을 오가면서 시집살이의 고단함도 잊고 시부모님 모시고 살림살이에 여념이 없다. 친정에서 곱게 자랄 때는 해보지도 아니한 부엌일도 혼자 해야 하고 어렵기만 한 시부모님 모시는 일도 예삿일이이 아니다. 한 가지 일을 해놓고도 시어머님께 꾸중이나 듣지 아니할까 매사에 가슴 졸이고 각별히 조심한다.

지금의 노인세대는 그렇게 동동촉촉洞洞燭燭 조심하고 내 몸 돌보지 아니하고 시집살이를 했다. 새댁은 자랄 때 여러 남매가 있었다. 그러나 무슨 영문인지 아이가 세 살 네 살 쯤 되면 모두 병으로 앓다가 저 세상으로 갔다. 끝내 부모님은 딸 하나를 겨우 길렀다. 생활은 풍족하지만 아들도 없고 딸자식 하나만 슬하에 있으니 먼저 보낸 귀한 자식들 생각에 어머니는 눈물로 세월을 보내고 집안은 언제나 쓸쓸하다. 딸이 잘 자라 줘 그저 고맙고, 야단 한 번 안 치고 곱게만 길렀다.

해방이 되어서 친척들이 만주에서 돌아오고 한 지붕 밑에서 같이 사니 번거로운 일도 많고 우환도 끊기는 일이 없어 전염병을 앓으니 집안이 말이 아니다.

먼저 보낸 자식들 생각에 노심초사하던 어머니는 끝내 몸져누우시고, 과년한 딸 생각에 가슴이 탄다. 그런 어머니 곁에서 아버지는 딸 걱정은 하지 말라면서 시집가서 잘 살 것이라 어머니를 위로한다. 그렇게 어머니는 하나밖에 없는 귀한 딸을 시집도 보내지 못하고 돌아가셨다. 눈도 감지 못하고 황천길을 어떻게 가셨을꼬.

홀로계신 아버지와 쓸쓸히 작별을 하고 새댁은 이렇게 낯선 곳으로 시집을 왔다. 힘에 부친 고된 하루가 지나가고 남편이 퇴근을 해서 집에 오면 새댁의 지친 모습이 안쓰럽지만 마음뿐이다. 무엇 한 가지

어려운 일은 도와줄 수도 없다.

옛날에는 자기아이도 부모님 앞에서는 안아줄 수도 없는 엄한 풍습이었다. 지금처럼 남편이 자기 아내를 도와주는 것도 아니고, 착하고 사랑이 지극한 남편은 그저 묵묵히 바라볼 뿐이다. 애처로운 마음으로.

하루의 일을 마치고 밤늦게 잠자리에 들면 두고 온 외로운 아버지와 그리운 고향집을 꿈에도 보지 못하고 첫 새벽에 일어난다. 지금처럼 세탁기가 있는 것도 아니고, 고무장갑이 있는 것도 아니고 차가운 물에 빨래를 하고 시누이, 시동생 뒷바라지에 너무 할 일이 많아 새댁은 피곤하고 지쳐서 파김치가 된다.

새댁의 시가집은 경부선 철길이 가깝게 있다. 봄비가 보슬보슬 내리는 아침나절 마루에 걸터앉아 마당가에 휘날리는 꽃잎을 바라보고 있노라면 멀리서 기적소리가 새댁의 가슴을 때리고, 기적소리 따라 마음은 그리운 아버지 곁으로 달려간다. 가을비가 추적추적 내리는 깊은 밤 목이 쉰 기적소리는 재혼도 아니 하시고 홀로 쓸쓸히 계시는 아버지 생각에, 돌아가신 어머님 생각에 기어이 눈물이 고운 볼을 적신다.

일은 조금 힘들지만, 시부모님과 속이 깊은 남편과 시댁 동기들과 그런 가족들의 울타리 속에서 새댁은 하루가 쌓여서 일 년이 되고, 십 년이 되고, 한 세상 다가고 지금은 칠십 노인이 되었다. 시부모님도 지금은 이 세상에 안 계시고 공들여 기른 자식들은 행복하게 잘 살고 있다.

인생의 굽이굽이를 돌고 돌아 칠십 고개를 넘고 보니 요즘 젊은 사람들의 사는 모습이 부럽기도 하고 한 평생 살아온 것이 후회는 없지마는 아쉬운 마음은 간절하다.

텅 빈 방에 홀로 누워 옛날의 그 애절하고 슬프고 눈물짓게 하던 기적소리를 환청으로 들으면서, 젊은 날의 꽃다운 자기모습에 취하고 주마등같이 흘러가는 과거를 돌이켜보면서, 긴긴 겨울밤을 행여나 옛날의 기적소리가 들려올까봐 할머니는 가슴 졸이면서 살포시 눈을 감는다.

세월의 무게를 가슴으로 안으면서…….

제2부

모진 세월 시린 이야기들

열여덟 번째 이야기

영등포 광목공장 이야기

옛날 시골에서의 가난한 농촌 처녀들은 어머니를 도와서 집안 살림을 하고 동생들을 업어 키우면서 시집가는 날까지 자기 돈이라고는 자기 수중에 한 푼도 가져 보지를 못했다. 부모가 사주는 대로 고무신도 신어보고 머리댕기도 곱게 접어서 머리에 꽂아 본다. 남들이 다가는 학교에도 못가지만, 영리한 아이들은 어깨 너머로 배운 한글로 자기 이름 석 자를 겨우 익힐 뿐이다.

그런 궁핍한 농촌에 도시의 돈 바람이 불어 왔다. 1940년 초 40여 호가 사는 내 고향 마을, 그것도 세상과 담을 쌓다시피 하면서 세상물정도 모르고 오직 남의 땅을 부치면서 근근이 살아가는 가난한 농촌마을, 이 마을에 도시로부터 돈 바람이 불어 왔다.

이야기인즉 서울 영등포 광목공장에서 여공들을 모집하러 왔다. 밥도 쌀밥을 배부르게 먹여주겠다고 한단다. 옷은 농촌에서는 무명베 아니면 삼베밖에 입어보지 못한 처지인 그들에게 광목으로 입혀준단다. 액수는 잘 모르지만 월급도 준다 했다. 옛날에는 아이를 많이 낳았다. 보통 칠, 팔 남매를 낳는다. 그것도 딸이 줄줄이 너 댓이 되면 그 집 딸들은 가난한 살림에 천덕꾸러기가 되기 십상이다.

부모들은 그 좋은 일자리를 마다할 수 없다. 기껏해야 부잣집 연줄로 도시의 식모살이가 고작인데 명색이 취직이 되는 것이다. 한 열흘 말미를 가지고 모집하러 온 서울 사람 두 명은 마을의 이장 집에서 숙식을 하면서 광목공장 홍보를 입에 침이 마르도록 한다. 그래도 마을 일이라 이장님은 마을의 여러 어른들과 의논을 한다. 내 자식은 아니지마는 어린 처녀들을 보내도 되는 것인지 잘 알아보리라 생각하고 일을 돌보기로 했다. 대충 희망자는 7~8명이 된다. 모두들 찢어지게 가난한 집 딸들이다. 일터로 가서 일을 해보고 좋은 자리 같으면 다음에 10여명이 더 가기로 하고, 우선 이장과 또 한 사람, 장차 딸을 광목공장에 보낼 생각이 있는 집의 아버지 한 사람이 먼저 서울에 가서 보고 오기로 했다.

그래도 이장님은 유식해서 서울 출입도 한두 번 해본 사람이다. 이렇게 해서 이장님 일행은 공장에서 나온 사람을 따라 서울 영등포 광목공장에 갔다. 그 당시 영등포에는 방직 공장이 많이 들어서 있었다. 광목공장 뿐이랴 여러 가지 공장이 즐비하고 하늘 높이 솟은 굴뚝에서는 검은 연기가 영등포 하늘을 뒤덮고 있었다. 1938-1940년 초의 일이다. 광목공장은 확실히 있었다. 공장을 견학한 이장님은 그 큰 규모에 눈이 돌아갈 정도다.

시골에서 베틀에 앉아 한 자 두 자 짜는 무명베만 보다가 그 큰 규모에 놀라고 광목이 산더미 같이 쌓여 있는 것을 보니 이렇게 좋은 자리에 자기 딸도 보내고 싶은 생각이 난다. 하얀 모자를 쓰고 똑같은 옷을 입고 일을 하는 여공들을 보니, 농사 햇빛에 그을린 시골 처녀들보다 모두가 얼굴이 잘 생긴 것 같다. 공장의 높은 사람도 만나보고 기숙사 구경도 했다. 그 기숙사는 참 좋다. 한 사람씩 덮고 자는 이불도 있고 수돗물도 줄줄이 나온다. 농촌의 찌든 삿자리 방에서 여러 아이들이 이불 하나로 서로 싸우면서 생활하는 것에 비하면 얼마나 좋아 보이는지 모르겠다.

그렇게 현지답사까지 하고 돌아온 이장님은 공장에서 파견 나온 사람보다 한 술 더 뜨면서 좋다고 신명을 낸다. 그렇게 해서 마을의 처녀들은 6~7명이 광목공장으로 떠났다. 보내는 부모들은 자랑스럽기도 하고 걱정도 된다. 배불리 먹이지 못한 게 가슴 아프고 학교에 못 보낸 것이 마음에 걸리고 그래저래 한숨과 눈물이다. 미처 딸을 보내지 못한 부모들은 가는 아이들이 부럽기도 하지만 그래도 고생스러워도 부모 곁이 좋은 것이라며 스스로 마음을 달랜다.

열여섯부터 열여덟 어린 나이의 처녀들은 부모 형제를 눈물로 하직하고 고향을 떠났다. 생전 처음 타 보는 버스와 기차를 타고 낯설고 물 설은 서울 영등포 광목 공장으로. 처음 타 보는 버스도 기차도 처녀들에게는 신기하고 경이롭다. 차창 밖으로 휙 지나가는 산과 들은 눈여겨 볼 틈도 없이 사라졌다가는 나타난다. 처녀들은 눈물로 하직한 고향산천과 부모형제를 생각할 겨를도 없다. 모든 것이 꿈속 같다.

돈을 벌어서 부모님께 보내 드리고 어린 동생들 공부라도 시키면 여한이 없겠다.

영등포 광목공장. 생전 처음 보는 회색빛의 큰 건물 그리고 하늘을 찌를 듯이 높이 솟은 굴뚝에서는 검은 연기가 꾸역꾸역 하늘을 뒤덮어서 푸른 하늘은 간 곳이 없다. 눈에 보이는 것은 전부 공장이요 연기를 토해내는 굴뚝뿐이다. 처녀들은 생전 처음 먹어보는 객지 밥이 어찌 그렇게도 껄끄럽고 모래알 같은지 한두 술 뜨다 말고 기숙사 잠자리에 들었다. 천릿길을 달려오느라 몸도 마음도 지친 처녀들은 금방 잠이 들 것 같았지만 좀처럼 잠이 오지 않았다. 내일부터는 어떤 일들을 만나게 될까. 두려움도 걱정도 그들을 잠 못 들게 했다. 유리창에는 '보리 고개'보다 더 사나운 바람이 베게머리를 싸늘하게 훑고 지나간다.

처녀들은 생전 처음 겪어 보는 단체생활을 시작 했다. 아침 일찍 종소리에 일어나고 종소리에 식사하고 종소리에 잠들고 작업도 시간에 마쳐서 한다. 처녀들이 제일 실망한 것은 식사다. 하얀 쌀밥은 고사하고 고향에서 춘궁기에 먹던 보리죽만도 못한 콩깻묵일제 강점기 때 식량이 부족하여 기름을 한번 짜고 남은 콩을 납작하게 눌린 것 밥이다. 쌀도 기름진 우리나라 쌀이 아닌, 하늘로 펄펄 날아갈 것 같은, 찰지지도 않는 안남미다. 맛도 없는 안남미에다가 콩깻묵을 섞어서 주는 밥은 입에 넣으면 맛도 없고 모래알 같이 껄끄럽다. 이것을 먹고 어떻게 그 고된 일을 하나.

며칠 되지도 않건만 처녀들은 벌써부터 고향이 그립다. 일제 막바지인 1943-1945년 사이, 타지방은 몰라도 서울에서는 식량난이 극심하여 배급을 타서 먹었다. 그저 근근이 먹고 살만큼 주었다. 부자들은 자기 고향에서 반출하여 먹기도 하지만, 일제는 그것을 불법으로 규정하여 금하고 있었다. 지금 생각나는 것은 중학교 이상 다니는 남녀학생에게 일정한 양의 곡식을 특별 배급했다. 남학생은 큰되로 서 되, 여학생은 두 되를 지급받았다. 보잘 것도 없는 양이지만 그래도 모두들 좋아했다.

처녀들은 푸른 하늘 한 번 쳐다보지 못하고 열악한 환경 속에서 밤낮 없이 작업을 했다. 광목공장이니 오직 광목 짜는 일이다. 해보지도 않은 서투른 일을 배우느라 공장 감독들에게 혹독한 야단도 맞아가면서 어려운 작업을 연일해야 한다. 밤 열시. 잠자리에 들면 몸은 솜같이 피로해도 잠은 오지 않는다. 오직 고향이 그립고 어머니가 보고 싶다. 고향에 소식이라도 전하고 싶지만, 학교 문전에도 가보지 않았으니 편지도 쓸 수 없고, 곁에 누구에게도 부탁할 수도 없다. 처지야 모두 비슷하지만 선뜻 대필을 해주는 사람도 없다.

딸들을 떠나보낸 고향 부모들은 공장에서 어쩌다 한 번 보내주는, '모두들 일 잘 하고 잘 있다'는 공문 같은 편지를 받아보고 바보 같은 생각을 한다. 여기서 못 먹고 고생시키는 것 보다 낫지 않겠느냐. 딸들이 보고 싶지만 돈을 벌어오는 그 날을 학수고대 한다. 그래도 이른 새벽이면 가엾은 딸을 생각하고 어머니들은 눈물을 흘린다. 가서 보고 싶은 생각이야 태산 같지만 가서 볼 수 없으니 가슴은 아리고 아프다. 처녀들은 휴식시간이나 밤 시간이면 모여서, 고향이 그립고 가고 싶어서 숨어서 운다. 굶어서 죽어도 부모님 슬하가 좋은 것을 이제야 깨달았다. 높고 푸른 하늘 철철이 변하는 아름다운 산과 들, 그리운 형제 친구들. 아아, 우리는 언제 고향땅을 가보나.

여자로 태어나서 곱게 자라면 시집을 간다. 시집살이가 맵고 고단해도 사랑으로 감싸는 남편이 있고 생활에 자유는 있다. 그래도 딸들은 친정이 그립고 가고 싶다. 그러하거늘 여기는 그야말로 한 번 들어오면 기한이 차기 전에는 나갈 수 없는 감옥이다. 기한은 삼 년이다. 어느 세월에 삼 년을 채우나. 처녀들은 일도 어렵고 힘들지만 첫째 배가 고프다. 푸른 하늘은 볼 수 없고 뛰어 다니던 아름다운 산과 들은 꿈에서나 볼 수 있다. 고향에서는 춘궁기에 배도 고프지만 지천으로 돋아나는 산채와 들나물은 맛도 있고 영양가도 높다. 단무지 몇 조각은 이제 쳐다보기도 싫다.

초등학교에 다니는 남동생들의 편지를 몇 번 받았다. 편지를 받은 다음날 밤에는 부모형제가 그립고 보고 싶어서 밤을 새우면서 읽고 또 읽고 울었다. 여기 와서 배운 것이 있다면 교양시간에 짬짬이 배운 일본어다, 일 년여가 지난 지금 말을 잘 못해도 간단한 말을 알아들을 수 있다. 일본 사람 감독이 소리 지르는 말은 알아들을 수 있다. 이렇듯 일제는 그들의 편의를 위해서 일본말을 가르치는 것이다.

딸들은 배고프고 고향이 그리워서 울고, 부모들은 딸들이 보고 싶어도 서울에 갈 여비도 없어 찾아가볼 엄두조차 못 낸다. 그저 잘 있으려니 생각하고 기한이 되어서 돌아오는 그 날을 기다리느라고 눈이 빠진다. 그리고 한숨과 함께 가난을 탓한다.

열아홉 번째 이야기

식민지 학교의 기억들

한 세상을 잘 살았든, 잘 못 살았든, 다 살아버린 노인들에게는 이제는 미래는 없다. 희미한 기억 속에 떠오르는 것은 과거뿐이다. 철들면서 어머니 손을 잡고 나들이 가던 애틋한 추억은 어머님이 돌아가시고 안 계시면 그 그리움이 배로 더한다.

가슴에 이름표를 달고 초등학교에 입학하던 날, 나는 할머니, 아버지를 따라서 학교에 갔다. 어머니께서는 할머니가 가시니 감히 같이 가실 수 없다. 1937년 4월 화창한 봄날에 예쁜 옷으로 갈아입고 나는 서울 교동학교에 입학했다. 그때는 지금처럼 교동초등학교가 아니라 교동심상소학교다. 내가 입학한 학급은 한 학년이 남자 두 학급, 여자 두 학급이다. 육학년까지 24학급이다. 약 1440명이 넘었다. 한 학급이 60명이 넘는 반도 있었다. 내가 졸업할 무렵에는 한 학년이 다섯 반으로 되어 있었다. 나는 1학년 3반이다. 까만 치마에 하얀 저고리를 입은 담임선생님은 예쁜 여선생님이시다. 머리는 지금의 파마머리가 아니라 곱게 빗어 뒤에서 예쁘게 돌돌 말아서 붙였다.

우리 일학년 네 학급은 넓은 앞마당 운동장에서는 모이지 않고 뒷마당에 모여서 선생님이 부르는 호루라기 소리에 발맞추어 하나 둘, 하나 둘 대열에 맞춰서 발맞추는 연습부터 했다. 화장실도 어디에 있는지 익히고 여러 가지 생활 공부를 했다. 그리고 나면 교실에 들어가서 내일 일을 지시 받고, 오전 수업을 마치고 집에 돌아간다. 그때 우리 일학년 꼬마들은 일본말을 모르니까 선생님들도 조선말한국말로 이야기 한다. 출석을 부를 때나 공부를 할 때도, 조선말로 한다. 입학한지 한두 달이 지나면 그때는 넓은 앞 운동장에서 상급반 언니, 오빠들과 같이 아침 조회도 하고 체조도 한다.

이제는 학교생활에도 익숙해져 교실에서나 운동장에서 선생님의 지도가 없어도 자기 몫을 잘 해 나간다. 오전 수업이지만 국어日本語 시간에는 일본어 공부를 한다. 간단한 단어나 고유명사 따위를 읽고 쓰기에 여념이 없다. 일학기 중반쯤 되면 받아쓰기도 잘 하고 친구끼리 이야기 할 때도 일본말로 한다. 한 학기만 배우면 회화는 90~100% 다 할 수 있고 글짓기도 잘 할 수 있다. 그때1937-1938 초등학교에서는 '조선어'를 초등학교 2학년까지 배우고, 3학년부터는 조선어 시간은 없다. 2년만 배운 우리글이지만 우리는 열심히 배워서 평생을 잊지 않고 잘 쓰고 있다.

1937년 소위 지나사변支那事変, 만주사변이라고도 했다이 일어났다. 비상시국이라고 선생님들 특히 남자 선생님들의 복장이 변했다. 하얀 와이

셔츠에 단정한 양복이 아니라 누런 카키색의 이른바 '국민복'이다. 학교 선생님의 복장이 꼭 그 시절 일본 군인들의 군복과 같다. 또 한 달에 한 번 그것도 매월 1일 날, '애국 헌금'이라고 이름 붙여서 돈을 내게 했다. 많이 내는 아이는 10전이나 20전 적게 내는 아이는 5전도 내고 했다. 참고로 이야기 하면 그때 서울의 학생용 버스나 전차표는 3전이었다.

또 일제는 한 달에 한 번 초등학교 학생들을 일본 신사神祠에 참배하게 했다. 학교마다 날짜는 틀려도 학생들은 남산 꼭대기에 있는 조선 신궁과 남산 중턱에 있는 경성신사에 참배를 간다. 신궁은 신사보다 한 단계 격이 높다. 긴 행렬을 이루면서 우리는 군가를 부르면서 행진도 했다. 조선 신궁까지 올라가는 계단은 384개다. 그때 내가 배운 것은 384계단의 유래다. 일본어로 참배參拜라는 말은 "산빠이시"라고 발음 된다. '384'도 일본어로는 "산빠이시"라고 발음된다. 계단 숫자 하나하나에도 이렇게 식민지 백성인 우리를 일본식으로 세뇌시키려고 한 것이다.

또 한 가지 기억에 남는 것은 붓글씨다. 1학년에서 6학년까지 일주일에 두 번 붓글씨 시간이 있다. 일학년 때는 히라가나, 가타가나를 쓰고 3학년이 되면 한자도 썼다. 그리고 양력 1월 2일은 서초書初라 해서 신년을 기념하는 붓글씨를 꼭 방학숙제로 써가지고 갔다. 나는 그 날짜를 어기지 않고 꼭 썼다.

차차 상급반이 되면서 우리는 일본어를 잘하게 되었다. 그것도 완전히 동경 표준말로 유창하게 잘 했다. 학교에서는 일본어 사용을 장려하기 위해서 학기마다 상장과 벚꽃이 새겨진 메달을 주었다. 일본어야 다 잘 하지만, 어디까지나 상으로 주는 것이니 한 반에 4,5명씩 준다. 식민지 상황이 무엇인지 잘 몰랐던 철없는 나는 그 상장과 메달을 받아 집에 가지고 가기도 했다. 상을 받았다고 어머니께서는 칭찬을 해 주시지만, 할아버지나 아버지께서는 그냥 덤덤히 "공부 잘 했구나." 하실 뿐이었다. 그것이 이른바 '국어상용國語常用'이라는 일제시대의 우리말 말살정책이 초등학교에서 이루어지는 모습이었다.

또 한 가지 생각나는 것이 있다. 넓은 운동장 동편에 예쁘게 가꾼 화단을 네모로 만들고, 그 곳에 하얀 돌계단을 쌓고, 끝이 뾰족한 조그만 전殿이 하나 있다. 그 작은 전각 안에는 당시 일본 천황 부부의 사진이 들어 있다. 학교의 큰 행사 때나 기념일 때에는 그 사진을 강당 전면에 걸어 놓고 우리 전교생은 최대의 경의를 표하면서 절을 해야 했다. 그 사진을 두었다고 해서 '봉안전奉安殿'이라 이름을 붙이고, 아침에 등교할 때, 오후에 하교할 때 선생님이나 학생들이나 교문을 들고 나면서 절을 했다. 소위 궁성 요배宮城遙拜라는 것이다.

학교생활은 엄격하고 일사불란해서 그 많은 아이들이 휴식시간에 계단을 내려와도 발자국 소리, 떠드는 소리는 들리지 않는다. 오직 정숙만이 있을 뿐이다. 그렇다. 교실 벽이나 복도나 교내 어디에도 이 정숙整肅이란 단정한 글씨가 우리들의 눈을 자극한다. 두 시간 동안 기념행사를 해도 졸업식을 해도 어쩌다 기침 소리는 들려도 잡담 소리는 들리지 않는다. 넓은 강당은 바다 속 같이 고요하다. 오직 정숙만이 지배한다.

어쩌다 복도에서 무릎 꿇고 벌을 서는 남자 아이들이 있다. 친구와 싸운 것도 아니고 그저 복도를 뛰어 다녔다고 벌을 선다. 학교 규율도 엄격하고 강압적이었다. 그 시대의 우리는 행동을 근신하고 예의를 지킬 것을 강조해서 배웠던 것 같다.

내가 1937년, 심상소학교에 입학을 해서 몇 년 지난 1940년쯤인가 해서, '심상소학교'란 이름이 '국민학교'라는 명칭으로 바뀌었다. 그 속뜻을 알아보니, 모두가 일본 천황 나라의 신하된 국민이란 뜻이란다. '황국신민皇國臣民'에서 '국國'자와 '민民'자를 추출하여 '국민'이란 말을 만들어, 그것으로 '국민 학교'라는 말을 만든 것이다. 우리를 완전히 복속시키려는 식민지 정책의 하나이다.

1941년 12월 8일 태평양전쟁그들은 대동아전쟁이라 했다이 발발했을 때다. 자고 나면 라디오와 신문에서 전쟁 소식을 신명나게 전한다. 진주만 폭격을 필두로 해서 시시각각 그리고 연이어서 일본군의 전승戰勝 뉴스뿐이다. 한 달에 한 번씩 운동화 배급도 주고, 남양군도에서 일본군이 이겼다고 말랑한 고무공도 한 개씩 주었다. 눈이 펄펄 오는 날에도 학생들은 강제 동원되어서 일장기를 들고 시가행진을 해야 했다. 일본 군가를 소리 높여 부르며 서울동대문 운동장에서 광화문 총독부 넓은 마당까지 시가행진을 하였다. 철없고 판단능력도 없는 우리 어린이들은 아무 것도 모른 채 그저 시키는 대로 했었다. 그러나 의식 있는 어른들은 얼마나 암울하고 희망 없는 세월을 탓했으랴. 지금의 초등학교 어린이들을 바라보면 나의 내 나라 없던 초등학교 시절이 문득 떠올라서 온갖 감회를 금할 수 없다.

스무 번째 이야기

머슴살이 풍속도 風俗圖

머슴살이가 농촌에서 사라진지 오래 되었다. 가진 것 없고 배운 것 없는 사람이 남의 집에 들어가 한 해 농사일을 몸으로 해 주고, 그 몸으로 한 일의 값을 곡식으로 받아서 살던 사람들이 머슴이다. 우리사회가 근대화되고 농촌이 기계화 되면서 머슴을 구하여 농사를 짓는 일은 사라지게 되었다. 무엇보다 농업 이외에 각종 산업이 눈부시게 발전하면서 농촌에서 머슴하며 지낼 사람이라는 것이 생길 수가 없어졌다.

나는 어린 시절 농촌 고향에서 머슴들의 삶과 애환을 직접 보면서 자랐다. 이 또한 사라지는 이야기라 생각되니 애착이 간다. 머슴살이에는 일의 곤핍함이 따른다. 그러나 그 속에도 사람의 체취가 있었다고 생각된다. 머슴의 풍속은 사라졌다. 사라져 가는 것들은 아름답다. 그 무렵 머슴 일하던 사람들의 소박한 마음들을 되돌아 보인다. 내

유년의 지붕 아래 자연스럽게 들어와 있던 머슴 일꾼들의 모습을 떠올려 보며, 그 시절을 기록해 보려 한다.

농사가 천하지대본天下地大本이라 했다. 힘들고 괴로워도 내 땅이 있는 사람들이나 남의 땅을 부치는 소작인 모두에게 봄은 농사 준비에 골몰하게 한다. 농삿일하는 사람들에게는 아름다운 꽃구경도 건성으로 할 수밖에는 없다.

땅 주인들은 새로 머슴을 들이면서 올해 농사를 더 잘 짓기를 바란다. 머슴들도 올해 농사를 잘 지어서 인정을 받아, 언젠가는 제대로 남의 땅을 소작하고 싶다. 또 언젠가는 내 땅에서 내 농사를 짓고 싶다. 그런 소망들을 가지고 조금이라도 생활이 좋아졌으면 하는 바람으로 나름대로 농사일에 힘을 쓴다.

특히 남의집살이를 하는 머슴들은 한시도 쉴 틈이 없다. 이 댁 일 년 농사가 자기 손에 달려 있으니 어찌 열심을 다 하지 않겠는가. 특히 부잣집에 상머슴은 중간머슴, 새끼머슴을 잘 다독이면서 농사를 지어야 하기 때문에 그 소임은 막중하다. 한 마을에서 상머슴 노릇을 하자면 덕망도 있어야 하고 농사일에 깊은 애정과 식견도 갖추어야 한다. 상머슴을 부를 때는 명칭이 다 따로 있다. 중간 머슴이나 꼴머슴들 그리고 일꾼들은 상머슴을 '좌상어른'이라 부른다.

자기 농사가 조금 있고 가솔家率들도 딸렸으니, 지금 생각하면 남의 집 머슴으로 들어가는 것은 이를테면 거기가 직장인 셈이다. 눈코 뜰 새 없이 바쁜 농사철에는 그 가족들도 자기 집 일은 제쳐 놓고 주인집 일을 해야 한다. 아침 일찍부터 와서 부엌일을 도와야 하고,

들에 식사도 광주리에 이고 가야 한다. 네댓 명도 더 되는 아이들은 흙투성이가 되어서 저희끼리 놀고 있다. 입은 옷도 땀에 찌든 삼베옷과 봄가을에는 무명옷이다. 옷이랄 것도 없다. 등지게라고 하는 조끼 같은 옷을 여름에는 걸치고 있다. 때맞추어서 주인집에서 주는 늦은 저녁을 얻어먹고 불도 켜지지 않는 자기 집에 가서 잠을 잔다. 그렇게 부모 도움 없이도 무병無病하게, 무탈하게 잘도 자란다. 제일 큰아이가 여자아이일 경우, 그 아이가 여덟 살 아홉 살이면 어머니 겸 누이 노릇은 톡톡히 한다.

중간 머슴의 제일 큰 아이는 이제 겨우 일곱 살이다. 아침을 얻어먹으러 우리 집에 온 그 아이는 눈치가 있어서 자기 아버지를 찾느라고 마당 귀퉁이에서 기웃기웃한다. 부엌아이가 얼른 알아보고 아침 먹으라고 부엌에서 손짓해서 부른다. 아이의 아버지는 들에 논물 보느라고 아직 집에 오지 않았다. 눈치 빠른 아이는 부엌으로 가지 않고 아래채 광에서 낫을 하나 들고 나와서 장독대 곁에 있는 숫돌에다가 낫을 간다. 물 한 움큼을 숫돌에다 붓고 낫 가는 솜씨가 얼마나 능숙한지 마루에서 보고 있던 오빠들이나 우리 모두는 깜짝 놀랐다. 아이는 옆도 뒤돌아보지 않고 열심이 낫을 간다. 그리고 또 하나를 더 가지고 와서 열심이 간다. 이윽고 두 개의 낫을 다간 다음 아이는 날이 섰나를 손가락 끝으로 훑어보고 씩 웃는다. 아마도 잘 갈았나 보다. 그 모습을 보고 모두들 한 바탕 웃는다.

어머니께서는 한 말씀 하신다. 저 어린 것이 제 아버지 낫 가는 것을 옆에서 얼마나 열심이 보았으면 저렇게 잘 하겠느냐. 어린 것이

하는 짓이지만 정말 기특하다. 예부터 남자아이는 자기 아버지의 모든 것을 배우면서 자란단다. 그리고 딸들은 어머니를 배우면서 큰다. 모름지기 자녀들은 부모가 가르치고 기르는 것이니라. 자식 기르는 부모들은 행동거지行動擧止를 바르게 해야 하는 것이다.

일 년 농사를 열심이 땀 흘리며 지은 보람이 있어서 그 해 가을은 풍년이 들었다. 가을걷이도 끝나고 안채에서는 김장도 끝났다. 머슴들은 이제 하는 일이 없을 것 같지만 그렇지 않다. 삼동을 따뜻하게 지내자면 이 댁에 마지막으로 겨울의 땔감을 준비해야 한다. 아침 먹고 소를 몰고 상머슴은 중간 머슴을 데리고 깊은 산으로 간다. 얼마나 열심히 나무를 했는지 점심때가 되면 황소 질매소등에 짐을 싣는 기구에는 소나무 낙엽이 져서 켜켜이 앉은 노란 솔잎갈비를 두 짐이나 싣고, 머슴들은 지게 가득이 장작을 지고, 추운 겨울이지마는 이마에는 구슬땀을 흘리면서 돌아온다.

점심상은 새로 담은 김장 김치에 동태찌개가 푸짐하다. 그때는 동태가 정말 쌌다. 열 마리 한 쾌에 얼마인지 나는 모르지만 두부찌개에는 언제나 동태가 들어있었다. 머슴들이 동짓날을 앞두고 부지런히 해다가 쌓아 놓은 나무더미는 호랑이가 새끼를 칠 만큼 산더미 같다.

머슴들이 들고 나는 날은 동지팥죽 먹는 날이다동지 팥죽을 먹고 나면 그날이 그 집에서 일하는 마지막 날이다. 동지 날을 음력으로는 새해 첫날로 생각하는 풍습도 있다. 그래서 동지 팥죽을 먹을 때 자기 나이만큼의 새알의 먹는다는 말도 있다 그러나 주객의 뜻이 맞으면 일 년 더 있을 수도 있고 그렇지 않을 수도 있다. 나가는 머슴은 주인집에서 새 무명으로 솜을 두둑이 놓아서 만든 너울

옷을, 그리고 양말이나 버선, 담배, 용돈, 팥죽 한 동이 그렇게 보내준다. 일 년 더 있는 머슴도 똑같이 보내 준다.

새 머슴을 맞아들이거나, 일 년 더 있게 되는 머슴이거나 새 식구를 맞아들이는 날은 그 또한 새로 인연을 맺으니 기쁜 날이다. 식구 같은 머슴이다. 닭도 몇 마리 잡고 술도 한 동이 거르고 시루떡도 새로 찌고 온 집안이 머슴들 식구들과 조촐하지만 정겨운 하루를 보낸다. 그들 아니면 누가 농사를 지어서 우리가 등 따습고 배가 부르겠는가. 귀한 식구요 고마운 분들이다.

스물한 번째 이야기

광복 전야前夜 풍경들

일제말기이다. 미국의 B-29 폭격기가 서울을 폭격한다는 가상 아래 우리는 대피 훈련을 한다. 3교시 수업시간이 끝날 무렵이 되면 복도를 뒤흔드는 요란한 벨소리에 우리는 평소 훈련을 받은 대로 복도에 두 줄로 줄을 서고 정연하게 서서 차례로 운동장에 집합을 한다. 아침 조회 때처럼 모이는 것이 아니고 운동장 구석의 팻말 앞에 선다. 팻말에는 동네 이름이 적혀 있고, 우리는 자기들 집이 있는 동네별로 선다. 성북동은 같은 방향의 어린이들이 선다. 원남동, 명륜동, 혜화동 이렇게 같이 줄을 지어서 6학년 언니 오빠들의 인솔 하에 모두 걸어서 간다. 한 달에 두 번 정도 연습을 한다.

태평양 전쟁일제는 '대동아 전쟁'이라 칭하여 우리는 그렇게 불렀다이 한창일 때는 공습을 대비해서 동별로 반을 편성하고, 소위 애국 반을 조직했다. 그렇게 해서 공습경보가 내리면 모두들 대피소로 대피를 한다. 공습으로 인해서 불이 난 것을 가상해서, 남녀구별 없이 바가지에 물을 들고 일렬로 서서 불 끄는 연습도 한다. 내가 기억하기로는 그때 애국반이란 이름으로 요즘 말하는 반상회를 처음 실시한 것 같다. 식량 배급도 애국 반을 통해서 배급을 받고 하찮은 생활용품예를 들면 고무신도 그렇게 배급을 받았다. 지금도 내 기억 속에 선명한 것은, 추운 겨울날 B-29 폭격기가 서울 하늘에 나타났다고 해서 난리법석을 피운 일이다. 우리는 선생님들과 운동장에 나가서 높고 푸르고 카랑카랑한 겨울 하늘 높이 종잇조각처럼 작은 물체가 햇빛을 받아 반짝 반짝 빛나면서 떠 있는 것을 보았다.

또 물자가 너무 귀할 때라 풍족하게 생활을 할 수가 없다. 모든 물자가 귀하지만 특히 설탕, 밀가루, 고무신 등 생활필수품들이 부족했다. 그래서 서울시 어디를 가나 암시장이 있었다. 조금은 구석진 뒷골목이다. 지금 생각하면 보따리 장사꾼이다. 그 시절 조금 큰 보퉁이라도 들고 다니면 모두 한다는 소리가 꼭 야미暗의 일본어 발음 장수 같다고 놀렸다.

국민들의 복장은 더 볼만 하다. 아주 연세 높으신 노인들을 제외하고는 모두 국민복이다. 초등학교 어린이들이야 교복을 입고 다니지만 중학교, 전문학교는 그렇지 않다. 남자 학생들의 카키색의 군복처럼 만들어진 국민복에다가 전투 모자를 쓰고 종아리에는 각반을 차고국방색 헝겊으로 종아리를 칭칭 감는다운동화를 신는다.

여학생들은 예쁜 세일러복 대신에 하의는 몸빼를 입고 상의는 감색 국민복에다가 하얀 칼라를 달아서 입었다. 젊은 부인들은 평상복이 몸빼다. 그 시절, 시집을 가는 새 색시는 몸빼를 해가지고 간다고 했다.

애국 반을 동원해서 일주일에 한 번 폐품을 모은다. 엿장수나 가지고 갈 만한 헌 고무신, 빈병 등을 모은다. 그런데 그것은 한낱 핑계이고, 그들이 수집하고자 하는 주된 대상물은 놋그릇이다. 게으른 사람은 닦기 귀찮다고 모두 선선히 내주었다. 지금의 대학로 혜화역이 있는 경성 제국대학 앞에는 개천이 있었는데 돌로 말뚝을 죽 세우고, 그 사이를 무쇠로 고리를 만들어 돌 말뚝 사이를 연결했었는데, 어느 날 그 무쇠 고리도 없어졌다. 전시에 물자가 귀하니까 모두 거두어 간 것이다.

또 한 가지, 교실의 도시락 먹는 시간이 되면 담임선생님과 우리는 언제나 같이 먹는다. 선생님은 교탁에서 우리는 자기 자리에서 식사를 했다. 도시락 뚜껑을 열고 일차 선생님이 검사를 한다. 하얀 쌀밥은 절대 안 되고 쌀은 언제나 7분도分度라야 한다. 보리쌀을 혼용하라고 했다. 식량이 부족해서 그랬다.

공습을 대비해서 등화관제는 사흘이 멀다 하고 실시하고 반장이 경방 단원과 집집마다 돌면서 불빛이 샌다고 소리소리 지른다. 아예 불을 끄면 그만이지만 애국 반에서 주는 원통으로 된 검은 보자기를 배급 받아 그것을 전등갓에 씌우면 된다. 그것까지도 검사를 한다. 그러나 그 암울했던 일제 강점기에도 희망과 즐거움은 있었다.

어디선가 일본이 전쟁에서 힘들어지고 있다는 소식도 간간히 들려왔다. 일제는 최후의 발악인 듯 우리 학도들과 젊은이들을 전쟁터로 내몰았다. 그렇게 전승만을 노래하던 군가도 차츰 쓸쓸한 곡조로 변해 갔다. 그런 세월 속에서도 사람들은 봄이면 창경원 벚꽃놀이에 잠시나마 시름을 잊고, 밤이면 창경원 넓은 뜰이 좁다고 밤 벚꽃놀이의 한때를 가졌다. 전쟁 막바지에는 그런 밤 벚꽃놀이도 없어졌다.

그런 고통의 풍경 속에서도 일본의 패망과 조국의 광복은 조금씩 다가오고 있었던 것이다. 그때는 무심코 모르고 지내왔는데, 지금 그 세월을 다시 반추해 보니, 광복 전야의 풍경들이 새삼 와 닿는다.

스물두 번째 이야기

돌아오지 않는 형제

일제강점기에서 해방이 되던 날을 나는 선명하게 기억한다. 나라는 기쁨과 환호 속에서 감격으로 물결쳤다. 삼천리강산은 태극기의 물결로 수를 놓고, 삼천만 우리 민족의 함성은 천지를 감동시켰다. 도시는 도시대로 농어촌은 농어촌대로 감격의 기운은 하늘을 찔렀다. 슬픔도, 두려움도 사라지고 오직 만세의 함성이 있을 따름이다. 일제의 압박과 수탈에 못 견딘 착한 백성들은 고향을 뒤로 하며 슬픔의 눈물을 뿌리면서 북지로, 만주로 기약도 없는 앞날을 가슴에 묻고 떠났다. 혹자는 망명의 길을 미국, 일본으로 향했다.

조국을 위해 돌아올 그 날을 희망으로 간직하고 모두 떠났다. 늙으신 부모님을 남기고 사랑하는 처자식을 뒤에 두고 이역만리 타국으로 떠났다. 그 중에는 '아는 것이 힘이다'를 굳게 믿고, 청운의 뜻을 세워, 유학의 길을 택한 장한 청년들도 많았다. 이렇듯 어려움의 세월을 잘 견딘 해외 동포들은 해방을 맞이해서 희망의 나라 독립된 조국으로 앞을 다투면서 돌아왔다. 소위 귀환 동포들이다.

나는 해방 직후 서울의 거리에서 광복의 환희를 직접 보고 들었다. 날이 새면 서울의 거리는 수만의 인파로 북새통을 이루었다. 트럭에도 사람이 가득하고 버스 지붕, 심지어는 전차 지붕 까지도 사람이 하얗게 올라타고 밤낮도 없이 태극기를 흔들면서 독립만세를 목이 터져라 부르고 있었다. 서울 시내 학교는 모두 휴교령이 내리고 남자 학생들은 끼리끼리 모여서 우익이 어떻게 좌익이 어떻고 논쟁을 일삼았다. 그런 와중에서도 어른들은 시국이 돌아가는 형편을 염려하고 개탄하는 말씀을 하시곤 했다. 그 당시 시중에 유행하는 말이 있었다. 북지, 만주에서 오는 동포는 장군 아니면 거지요. 남쪽 미국이나 일본에서 오는 동포는 건달 아니면 박사들이라고 했다.

후일 고향으로 돌아온 나는 언제나 평온하던 고향이 술렁이고 있음을 감지했다. 공부 많이 하고 북지나 만주에서 돌아온 젊은 인재들은 할 일 없이 무위도식하면서 그곳에 두고 온 제2의 가족들을 그리워하지만, 이 곳 처자식 앞에 내색은 못하고 그저 38선 무너지기를 학수고대한다. 한 번만 가서 만나고 오면 여한이 없단다. 어떤 이는 거지꼴이 되어서 돌아오기도 하고 처자식과 헤어졌다면서 역시 갈 수 없는 삼팔선을 원망한다. 동네사람이 모이는 곳이라면 만주 이야기, 일본 이야기가 화제의 중심을 차지한다. 만주나 일본에 가보지 못한 사람들도 모두 갔다 온 것처럼 훤하게 알고 있다. 그런 자리에서는 꼭 우익, 좌익 이야기가 나오고 유식하던 무식하던 자기주장이 옳다고 우긴다.

일본에서 공장 생활을 하다가 돌아온 형제들이 있었다. 공장 노임을 받아 모은 돈을 가지고 돌아온 형제인데, 동생은 열여덟, 형은 스무 살의 청년들이다. 고향에는 늙으신 부모님이 장남과 네댓 마지기 농사를 지으면서 근근이 살고 있었다. 공부래야 초등교육을 마쳤을 뿐이고 가지고 온 돈이래야 그 돈 가지고 논을 사겠는가, 밭을 사겠는가. 손바닥에 모래알처럼 다 새고 없다. 농촌이니 농사일을 할 수밖에 없다. 몸에 익숙지 못한 농사일은 너무 괴롭다. 집에서 가꾸는 네댓 마지기 농사일이야 아버지와 큰 형님만으로도 충분히 해낼 수 있다. 그러니 이들 귀국 형제는 남의 농사일을 해주고 품삯을 받아 자기 용돈이라도 써야 한다. 배부르게 밥은 얻어먹을 수야 있지만, 지금처럼 일당을 많이 받는 것도 아니니 수중에 돈은 별로 없다. 오뉴월 염천 하에서 몸에 익숙지 못한 논 매고 밭 매는 일은 정말 힘들다. 일본에서 공장에 다닐 때 생각이 절로 난다.

그 집 상머슴은 이들 형제에게 일을 제대로 못한다고 잔소리가 심하다. 그러니 눈치 보기에 바쁘다. 일본 사람들의 차별과 멸시도 심하던 차에 조국이 해방되어 너도 나도 고국으로 돌아가니, 어린 마음에 부모님도 그립고 해서 돌아왔는데 앞일이 난감하고 가슴 벅찼던 희망도 물거품같이 사라지는 것 같다. 도회지에 나가서 취직이라도 해보고 싶지만 많이 배우지 못하고 특별한 기술도 없으니 아무 연고도 없는 대처에 나가서 굶어 죽기 알맞다. 힘이 들어도 여기서 농사일을 배우고 고향에서 살고 싶다.

힘들고 고된 하루가 저물면 봉놋방일꾼들이 모이는 방. 벽에는 도배도 아니

하고 그냥 흙벽이고 바닥에는 멍석을 깔았다에 모여서 마당에 피워 놓은 모깃불에, 담뱃불을 붙이고 밤하늘의 별을 보면서 그래도 즐겁게 친구들과 이야기꽃을 피운다. 담배라야 순썰이 담배다.순썰이 : 담배 잎을 다 따고 남은 것. 상품 축에 들지 못함. 담배 잎사귀 말린 것 그래도 그 순썰이 담배를 종이에 말아서 침으로 붙여 피우면 독하지만 근사하다고 한다. 질은 떨어지지만 그야말로 여송연이다. 어쩌다 한 두 사람 말뚝 라이터라도 가지고 있으면 모두들 선망의 눈으로 바라보곤 한다.

고향에 돌아온 지 2-3년 후, 확실치는 않지만 1947-48년경이라 생각한다. 그때 처음으로 국방 경비대가 창설되었다. 스무 살이 훌쩍 넘은 형은 그런 뉴스를 읍내에 갔다가 듣고 와서 국방 경비대에 들어간다고 부모님께 말씀드렸다. 부모님들은 고향에서 농사일을 배우고 장가도 들어야 한다고 말씀하시지만 형은 자기 고집대로 국방 경비대에 들어갔다. 남은 동생은 떠나간 형이 부럽지만 어쩔 수 없이 고향에 남았다.

국방 경비대에 들어 간지 7-8개월 후, 형은 카키색 군복에 군모를 쓰고 팔소매에는 빨간 갈매기표를 두갠가 세 개 달고 자랑스러운 모습으로 휴가를 나왔다. 친구들은 개선장군이라도 맞이하듯이 그를 둘러싸고 부러운 눈으로 너도 나도 국방 경비대에 가기를 소원했다. 그가 그렇게 고향을 다녀가기를 너 댓 번 한 것 같다. 그리고 6 · 25 동란이 터졌다. 소문으로는 그들 경비대가 최전방으로 갔다고들 했다. 늙으신 부모님은 아들의 안위가 걱정이 되어서 밤잠도 설치고 걱정을 했지만 무슨 소용이 있는가. 소식을 들을 수 없고 모습도 볼 수 없다.

그렇게 6 · 25 전쟁은 시작되고 천지가 뒤집히는 처절한 싸움이 시작되었다. 미처 피난길에 오르지 못한 산간 오지 마을에는 인민군이 진을 치고 동네는 상하가 뒤집히고 순후한 인심은 간 곳이 없어졌다. 누가 옳은 지 누가 그른 지 분간도 할 수 없다. 청소년들은 갈 바를 모르고 갈팡질팡하고 지주들은 반동으로 낙인 찍혀서 살아 있어도 죽은 목숨이다. 면 소재지 초등학교 운동장에는 날마다 인민군 장교들의 선동과 감언이설에 철없는 청소년들이 인민군에 지원이란 명목하에 끌려갔다. 동생도 그 무리 속에 끌려갔다. 동네는 불안에 떨고 자식들의 앞날을 걱정하는 부모들의 눈물과 한숨소리에 땅이 꺼질 지경이다.

그렇게 떠나간 동생은 끝내 돌아오지 않았다. 동생과 같이 갔던 친구들도 행방이 묘연하다. 그 시절 6·25 당시 유행하던 슬프고 허망한 노래가 생각난다.

"형님은 국방군으로, 동생은 인민군으로. 부모님은 피난 가다 돌아가시고……."

얼마나 기가 막히는 노래인가. 해방되고 독립된 조국에 희망을 안고 돌아온 그들 형제는 끝내 그리운 부모 곁에 돌아오지 않았다.

삼천리강산을 유린한 그 처참한 전쟁은 사회를 혼돈 속에 몰아넣고 한 가정을 몰락시키고 개인을 죽음으로 몰아넣었다. 귀환 동포 형제는 그렇게 아침 이슬처럼 허망하게 사라졌다. 어디 그들 형제뿐이랴. 수많은 젊은이들이 영롱한 별빛이 사라지듯이 사라져갔다. 귀환 동포의 슬픈 이야기가 그들 형제뿐이랴. 아아, 어느 이름 모를 골짜기 외진 풀숲에서 그들 형제는 혼백으로라도 만났을까.

스물세 번째 이야기

새댁의 한恨

내가 자랐던 고향은 온 마을 전체가 대대로 유교사상을 본받아, 문중 대소가大小家의 큰 사랑과 작은 사랑에서는 공자 왈孔子曰, 맹자 왈孟子曰 글 읽는 소리가 떠나지 않는다. 그렇게 후대를 가르치면서, 선비의 드높은 기개와 자긍심으로 세월을 보내고 또 오는 세월을 맞는다.

1910년대부터 문중의 뛰어난 인재들은 신학문을 공부하기 위해서 서당이 아닌 학교에 입학을 했다. 완고한 집안에서는 학교에 보내지는 아니해도 시류를 거역할 수는 없었다. 너도 나도 신식공부를 하니 그 대세를 막을 수 없었다. 그래서 1910~1930년 사이 문중의 많은 자제들이 신학문을 배우기 위해서 보통학교, 중학교, 전문학교, 그리고 일본으로 중국으로 유학길을 떠났다. 그 중에 한 사람 딸 많은 집에 독자로 태어난 사람이 있었다. 어머니의 성품은 조금은 드세고 여장부다. 하나뿐인 외아들을 일찍 결혼을 시켰다.

범절 있는 집안의 규수를 골라 육례를 갖추고 신행을 했다. 새색시는 층층시하는 아니지만 어려운 시어머니를 모시고 아랫사람들을 다독이면서 시집살이를 잘 해 나갔다. 일찍 홀로 되신 시어머니를 며느리는 공경으로 모셨지만, 시어머니의 어여쁨은 오래가지 못했다. 그러나 새댁은 동동촉촉 조심하면서 살얼음판 같은 시집살이를 남편 한 사람만 바라보면서 최선을 다했다.

시아버지께서 돌아가시고 아니 계시니 큰 사랑 손님이야 별로 없지만 대소가가 번다하니 사대 봉제사四代 奉祭祀에 여럿 시누이들의 친정나들이라도 있으면 그 수발을 드느라고 잠시 쉴 틈도 없다. 작은 사랑에 기거하는 남편은 큰 도시에 가서 신학문을 마치고 돌아와서는 그야말로 먹고 노는 한량이다. 그 무렵만 해도 부유한 집의 자제들은 지금처럼 꼭 취직을 할 필요는 없었다. 환경이 비슷한 대소가의 동기들과 시국을 논하고 인생을 탓하면서 세월을 허송한다.

신학문을 배웠으니 학교 문전에도 가보지 않은 구식 아내는 말상대도 되지 않고, 또 가사에 얽매인 아내는 숫제 남편의 관심 밖이다. 지금 세상처럼 고부갈등이 아니고, 일방적인 정신적인 학대다. 남편은 그런 고초를 겪는 아내가 가여워지고 딱하지만 그 시대는 그저 마음만 그럴 뿐 수수방관 할 수 밖이 없다. 감히 어머니께 항변이라고는 있을 수 없었다.

윤이 반짝이는 까만 머리에 빨간 댕기를 물려 예쁘게 쪽을 지고 남치마에 하얀 앞치마를 두른 단아한 모습은 시집 온지 삼 년이 넘었지만 아직도 새 색시 같다. 시어머니는 외아들에게서 첫손자를 바랬지만 행인지 불행인지 아내는 딸을 낳았다. 시어머니는 그것을 탓하면서 더욱 며느리를 미워했다. 며느리가 하는 일은 사사건건 트집을 잡아야 속이 시원하다. 시어머니 앞에서는 감히 남편을 쳐다보지도 못한다. 잘난 내 아들을 생각하면 며느리는 아무리 생각해도 짝이 기운다고 시어머니는 생각하는 것이다. 하기야 신학문을 못했으니 신식여성에다 비하면 못난 여자라고 생각하는 것이다.

시어머니나 남편은 정말 새댁의 진가를 모른 것이다. 사람은 인간성이 가장 중요한 것이다. 새댁은 교활함도 방자함도 없다. 부잣집에서는 자랐지만 얼마나 요조숙녀인지 대소가에서는 다 알아주는 현숙한 부인이다. 그런 환경에서 남편은 사는 것이 지겹다. 어머니의 성화에 집에 붙어 있기도 싫다. 비슷한 환경의 동행끼리 읍내에 가서 질탕 놀고 이틀이고 사흘이고 집에 오지도 않는다. 오늘은 양복을 입고 외출하고, 내일은 아내가 밤을 새우면서 마련한 모시 진솔 두루마기를 입고 그저 먹고 노는 것이 일과의 전부다.

일제 강점 하에 1937년 중 · 일 전쟁이 나고 일본사람이나, 우리백성이나 모두들 만주를 신천지라고 외치면서 많이들 만주로 갔다. 일제의 수탈에 빈손을 털고 올망졸망한 아이들을 데리고 새 삶을 찾아 만주로 간 농부들은 얼마나 많은지 모른다. 내가 기억을 해봐도, 겨울방학이나 여름 방학 때 방학을 마치고 완행열차를 타고 서울 올 때 보면 그런 풍경을 기차 안에서 많이 봤다. 때 묻은 광목 보자기에 보따리를 꾸리고 그 끝에 바가지를 여러 개 달고 좌석이 없어서 통로에 주저앉아서 가는 사람들이 많았다. 아이들도 허기가 져서 남들이 먹는 것을 부러운 눈으로 보고 있는 광경은 내 마음도 슬프게 했다.

1930년대에는 부산에서 출발한 기차는 종착역이 봉천지금의 심양瀋陽 아니면 하얼빈이다. 열차 이름도 새마을호나 무궁화호가 아니고 '제비 새벽'이다. 아마도 제비같이 빠르고 새벽같이 일찍 떠난다는 뜻인 것 같다. 그런 시절 무위도식하고 가족에 대한 책임감도 없는 유식한 한량들은 청운의 뜻이라도 품은 양 너도나도 만주로 많이 갔다. 모진 시집살이를 하는 새댁의 남편도 그렇게 만주로 떠나갔다.

그래도 집에 없는 것보다 곁에 있어주면 믿음으로 의지도 되고 힘이 되련만, 무정한 남편은 가엾은 아내와 어린 딸을 버리고, 자기 혼자 모든 번뇌를 훌훌 털고 멀리멀리 만주로 떠나간 것이다. 남편이 떠나버린 뒤에 새댁의 시집살이는 날로 더하고 밤이면 어린 딸을 안고 베게가 젖을 정도로 밤새 울었다.

옛날에는 남녀차별이 심해서 여자아이는 학교에 보내지 않았다. 겨우 한글만 깨치면 그것으로 족했다. 지금처럼 속상하다고 친정에 쪼르르 갈 수도 없거니와 가서도 안 된다. 시집살이를 못하고 돌아오는 딸들은 친정에서는 아예 대문을 들어서지도 못 하게 한다. 내 이야기의 주인공인 새댁도 매운 시집살이를 어린 딸을 키우는 것으로 마음을 달래며, 남편이 돌아오는 그날을 위하여 열심히 살았다.

사람을 기다린다는 것은 정말 못할 일이다. 사랑이 없는 부부지만 그래도 새댁은 남편이 돌아오기를 날마다 기다린다. 어쩌다 편지라도 오면 새댁은 밤을 새며 읽고 또 읽는다. 돌아오지 않는 남편이 원망스럽다. 시어머니는 아들이 돌아오지 않는 것은 새댁 탓이라고 더 심하게 새댁을 나무라고, 이제는 친정에 가라고 성화다. 친정에서는 딸의 소식을 인편으로 전해 듣고, 딸 가진 게 죄라면서 계절 따라 보내는 일꾼 편에 성의를 다해서 산해진미를 보내지만, 아무 효과도 없다.

아직도 젊고 단아하지만 모습은 우수에 잠겨서 고운 얼굴은 언제나 그늘이 져서 보는 이의 마음을 아프게 한다. 이제 초등학교에 입학을 한 딸은 새댁의 유일한 희망이요 자랑이다. 그 어린 딸에게 마음을 붙이고 정을 주면서 살아간다. 무수히 드나드는 시누이들의 수발을 담담한 마음으로 받아들이면서 이것이 자기의 운명이라 생각한다.

전쟁이 끝나면 남편이 돌아올 것인가. 돌아온들 내게 행복이란 있을 것인가. 이제는 자기보다 아버지 사랑을 모르고 자라나는 어린 딸이 더 가엾다. 엄마의 그런 생활과 생기가 없는 모습은 어린 딸에게도 큰 영향을 준다. 아이는 언제나 말이 없고 할머니가 무섭고 싫다. 어쩌다 할머니는 애비도 없이 자라는 손녀가 안쓰러워서 안방에 불러다가 과일이라도 깎아 주면, 아이는 잠시도 앉아 있지 않고 먹을 것을 들고 제 엄마 방으로 가버린다. 사랑이 없는 냉랭한 가정은 아무런 즐거움이 없다. 그저 너는 너대로 나는 나대로 그렇게 사니 집안에 복이 들어오다가도 나간다.

시어머니는 타국에 가 있는 아들이 보고 싶어도 내색도 못하고, 새댁은 남편이 그립고 보고 싶어도 감히 말을 못한다. 그렇게 불행을 자초하면서 고통스럽게 살다 보니 세월도 많이 지나갔다. 읍내에는 독립 만세 소리가 진동하고, 산골 마을마다 집집마다 해방의 분위기가 전해 온다. 장터 초등학교 운동장에는 손에 태극기를 들고 대한 독립 만세를 소리 높이 외친다. 한 달이 가고 두 달이 가면서, 자고 나면 이웃마을 누군가 일본에서 돌아왔다고 하고, 또 누군가는 북지 만주에서 돌아왔다고 입소문이 무성하다. 시어머니와 새댁은 그런 소리를 들을 때마다 가슴이 뛰고 귀가 솔깃하지만 그 말을 입에 올리지는 못한다. 아들이 떠난 지 남편이 집을 나간 지 햇수로 한 오년이 흘렀다. 북지를 떠도는지 만주 벌판을 흘러 다니는지 감을 잡을 수도 없다. 그저 돌아오는 날을 기다리는 수밖에 없다. 무사히 돌아오기는 오는 것일까. 어린 딸은 이제 초등학교 3학년이다. 구식 여성인 나는 밉지만 자기 혈육인 딸을 보고 싶지도 않은 지 정말 원망스럽고 무정하다.

새댁은 아랫사람을 거느리고 그저 열심이 살림만하고 딸을 잘 키우기에 최선을 다하고 있다. 긴 장죽을 물고 마루에서 어슬렁거리는 시어머니는 머리카락은 허옇게 새고 허리는 굽었다. 어쩌다 며느리를 바라보는 시어머니의 눈길은 연민의 정이 흐른다. 아아, 나도 이제는 많이 늙었구나. 긴 한숨과 함께 탄식이 절로 나온다. 아들이 집을 떠난 것이 누구의 탓도 아니고 오직 세월의 탓으로 돌리고 아들이 돌아오기를 어머니는 기다리고 또 기다린다.

1945년 늦가을, 해방의 기쁨도 차츰 가라앉고 추수도 대충 끝났다. 긴긴 가을밤이 다하도록 안채에서 운다. 사랑채에서나 하다못해 봉놋방 일꾼들이 모이는 방에서도 일본에서 돌아온 사람의 이야기로 새벽닭이 울도록 이야기가 끊이지 않는다. 북지 만주 이야기에 더하여 만주벌판을 누비는 독립군의 이야기로 이어지면 젊은 피가 끓는다. 일제 강점기에는 나라 안의 백성도 압박과 설움을 받았지마는, 낯설고 물 설은 타국에서 겪은 고생이야 이루다 말할 수 있겠는가. 우리는 그렇게 일제하에서 고초를 겪으면서 살았다.

유복한 집에서 자라서 고생도 모르고 공부하다가 학병으로 전쟁터에 끌려간 사람, 또는 북해도 탄광이나 군수공장으로 강제로 징용으로 끌려간 사람, 이런 저런 사정으로 일본으로, 만주로, 북지로 떠돌던 동포들이 해방된 조국으로 모두들 돌아왔다.

일각一刻이 여삼추如三秋로 기다리던 새댁의 남편도 드디어 돌아왔다. 그러나 반갑고 기뻐하기에는 너무나 기가 막히고 하늘이 무너지는 슬픔을 몰고 왔다. 남편은 여자를 데리고 온 것이다. 만삭의 무거운 몸을 가누지도 못하는 여자를 데리고, 남편은 그 멀고 먼 만주인지 북지인지 알 수도 없는 곳에서 돌아왔다.

대소가를 비롯하여 집안에서는 난리가 났다. 몇 년을 집을 비우고 가장의 소임을 다 하지 못한 것도 큰 죄인 것을 이게 무슨 경위에도 맞지 않는 일인가. 돌아온 남편은 새댁에게 미안하다는 말 한마디 하고는 옛날과 다름없이 여전히 소원하다. 한편 기쁜 사람은 시어머니다. 아들 손자가 없어서 조상님께 큰 죄를 진 것처럼 죄송했는데 이번에 아들이 데리고 온 여자가 아들이라도 낳으면 그런 경사가 어디 있겠는가. 새댁은 어린 딸을 데리고 밤마다 눈물을 흘리면서 자기신세를 한탄한다. 차라리 남편을 기다리는 마음으로 조용히 살았을 때가 더 좋았다.

시어머니가 완전히 자기를 위해주지는 않았지만 그래도 때로는 따뜻한 말 한마디라도 건네주고 어린 딸도 건사해 주셨는데, 남편이 돌아오고부터는 완전히 옛날의 못된 시어머니로 되돌아가 버렸다. 지금은 한 술 더 뜬다. 임신한 그 여자의 수발까지 하라고 하니 세상에 이런 일이 있을 수가 있는가 말이다. 차라리 죽고 싶은 마음으로 결심을 했다. 친정에서 받아주지 않으면 어린 딸을 데리고 어디 멀리 낯선 곳에 가서 바느질품이라도 팔면서 어린 딸과 둘이 살고 싶다. 모든 괴로움도 슬픔도 가슴에 묻고 혼자 살고 싶다. 이 지옥 같은 삶은 죽기보다 싫다. 그렇게 한 달이 지나고 남편이 데리고 온 여자가 아들을 낳았다. 정말 하늘도 무심하고 야속하다. 새댁은 이제는 아무런 희망도 미련도 없다.

이런 소식을 전해들은 친정 쪽에서 불쌍한 딸을 데리고 갔다. 새댁의 친정 쪽에서 사람을 보내서 새댁을 데리러 오던 날, 새댁은 그렇게 자기를 미워하던 시어머니께 큰 절을 올리고 대성통곡을 하고 떠났다. 어린 딸을 데리고 새댁은 갔다. 손자를 얻은 시어머니는 우선은 손자 본 기쁨에 희색이지만 걱정거리가 한두 가지가 아니다. 그래도 새댁이 있어야 살림을 하고 제사를 모시는데, 아들이 새로 데리고 온 저 여자는 새댁의 발뒤꿈치도 따라갈 수 없다. 아들이 어떻게 해서 만난 여자인지는 모르지만, 손자를 낳아준 것 말고는 하나도 맘에 드는 곳이 없다. 신여성이랍시고 머리는 파마를 해서 봉두난발 같고 예의범절은 눈 씻고 찾아봐도 찾아 볼 수 없다.

새댁이 떠난 지 일 년 후, 아들이 데리고 온 여자는 시집살이를 견디지 못하고 젖먹이 어린아이를 내버리고 가버렸다. 여자가 가버리니 어린 아이를 기르기 위해 돌아오라는 시어머니와 남편의 성화가 대단했지만 새댁은 돌아오지 않았다. 그렇게 새댁은 서러운 인생을 끝내고 어린 딸과 친정에서 조용히 살았다.

6・25 전쟁이 휩쓸고 간 자리도 참혹하지만 6・25 전의 우리나라는 사회적 정치적 불안과 좌우의 대립으로 더욱 처참한 현실을 겪어야 했다. 전쟁이 발발하기 2,3년 전 나의 친정 쪽 거창은 그야말로 암흑시대였다. 낮에는 경찰이 빨치산을 토벌한다고 마을에서 진을 치고 밤에는 빨치산이 마을을 휩쓸고 인명을 살상하고 물건들을 약탈해서 갔다. 나의 친정 마을도 예외는 아니어서 밤에는 청장년들은 장터지서가 있는 데 가서 자고 오는 사람이 많았다. 자고 나면 들려오는 소리는 인근 마을에서 빨치산들이 내려와 사람을 죽이고 재물을 빼앗아 갔다는 것이었다.

그 때가 1949년 6월경이다. 초여름의 훈훈한 바람이 불고 일 년 중에도 제일 바쁜 농사철이다. 늦은 저녁을 먹고 초저녁에 이 집 저 집에서 내일 논 매기 일꾼을 구하고 밭 매는 품앗이꾼을 구하기 위해서 동분서주하고 있다. 마을 앞 동청마을회관에서는 일꾼들 그리고 머슴들이 내일 들일을 하기 위해서 서로를 부르고 손을 맞추는 일이 한창이다. 며칠 전에 우연히 다리를 다쳐서 절룩거리면서 지팡이를 짚고 안경을 쓰고 모시 고이 적삼을 산뜻하게 차려입은 새댁의 남편이 일꾼을 구하려고 그날 밤 따라 동청에 나타났다.

본처는 친정에 가서 별거 중이고, 만주에서 데리고 온 여자는 아이만 두고 집을 나가버리고 그는 외로운 신세가 되었다. 어머니는 그런

처량한 아들을 두고 볼 수가 없었다. 그때 일본에서 돌아온 50대 떠돌이 부부가 딸 자매를 데리고 우리 마을에 와서 살고 있었는데, 그 큰 딸을 우여곡절 끝에 며느리로 맞아 들여서 살림을 하고 있었다. 그 여자를 맞아들이는 날도 마을에서는 구경났다고 한바탕 야단을 쳤다.

우리는 그가 세 번째로 얻은 여자를 일본여자라고 불렀다. 일본 사람도 아닌데 일본에서 돌아왔다고 그렇게 부른다. 두 번째 여자가 낳고 가버린 젖 떨어진 아이는 밤낮으로 보채지만, 그 일본여자는 얌전해서 우는 아이와 집안 일을 잘도 해 나갔다. 얼마 지나지 않아서 그 일본 여자도 벌써 아기를 가져서 배가 표 나게 불렀다. 시어머니는 그 서슬 퍼런 성격도 이제는 많이 죽어서 하루하루를 늙어가는 재미로 사는 것 같이 늙어만 갔다.

나는 50년이 훨씬 넘은 지금도 1949년 6월의 그 끔찍한 밤을 잊을 수 없다. 초승달도 넘어가고 희미한 등잔불에 모여 앉아서 나는 부엌 아이들과 나물을 다듬고 한 쪽에서는 빨래를 다리고 있었다. 그때 갑자기 시커먼 그림자들이 우리 집 중문을 들어서고 있었다. 약 5~6 명가량 되었다. 전신에 풀로 위장을 하고 순식간에 나타난 것이다. 긴 총으로 우리들 모두를 꼼짝 못하게 쭈그려 앉히고, 많은 물건을 빼앗아 가져갔다. 필목, 생활용품, 그리고 돈 등등, 닭도 있는 대로 잡아 갔다. 그들이 사라지고, 우리는 혼비백산하여 불을 끄고 뒷방에 모두 숨었다. 그 날따라 집집마다 한두 마리씩 있는 개도 짖지 않는다.

밤이 얼마나 지났을까 난데없는 총성이 두 발 들려오고 온 마을이 바다 속 같이 고요하고 인기척이 없다. 또 얼마나 지났을까 이번에는 큰 골목을 뛰어가는 어지러운 발자국 소리 그리고 여자의 처절한 울음소리가 밤하늘을 진동한다. 우리 식구는 감히 내다보지도 못하고 무서움에 벌벌 떨면서 그 밤을 꼬박 새웠다.

지서에 연락이 갔는지 경찰과 군인들이 까맣게 우리 마을에 진을 쳤다. 날이 새면서 우리 군경의 숫자는 더 불어갔다. 무서운 밤은 가고 날이 밝았지만, 우리 집을 비롯하여 빨치산에게 털린 집은 넋이 나간 것 같이 아침도 먹는 둥 마는 둥 간밤의 그 끔찍한 사건에 벌벌 떨었다.

어젯밤에 일어난 총성의 사건은 대략 이러했다. 동청에 모인 일꾼들은 모두 거친 삼베옷에 험한 일에 손은 갈퀴 같고 얼굴은 햇볕에 까맣게 타서 눈만 반짝반짝한다. 그 사이에 새댁의 남편이 있었다. 새댁의 남편은 일꾼을 구한다고 번지르르한 모습으로 하얀 얼굴에 귀티 나게 차려입고 앉았으니 빨치산 눈에는 물어 볼 것도 없이 부르주아 반동분자다. 마을에서 빼앗은 물건을 지게에 지고 갈 일꾼을 데리러 동청에 들렀다가, 거기에 있는 새댁의 남편을 향하여 "이 반동 새끼야! 모두 고개 숙여!"하는 소리와 함께 불문곡직하고 총 두 발을 쏘았던 것이다.

우리 집 일꾼도 그 곳에 있었다고 했다. 사건 후에 두고두고 들은 이야기지마는 너무나 끔찍했다. 피는 흥건히 흘러 땅을 적셨다고 한다. 새댁의 남편은 그렇게 한 생을 마쳤다. 슬픈 장례식이 거행되었다. 친정에 가 있던 새댁은 어린 딸을 데리고 황망히 돌아왔다. 열 서너 살 된 딸아이가 여자아이이지만 굴건제복을 하고 대나무 작대기를 짚고 상여 앞에 섰다.

발인이 끝나고 상여가 어린 딸을 뒤에 거느리고 둥둥 떠나간다. 머리를 풀어 헤친 새댁은 일본여자의 부축을 받으면서 천방지축 엎어지며 자빠지며 상여를 부여잡고 같이 데리고 가라고 소리 지르면서 몸부림치고 운다. 그 처절함에 남녀노소 우리 문중 사람이든 타성他姓 사람이든 울지 않는 사람이 없었다. 나도 그때 광경을 목격한 사람 중에 한 사람이다.

새댁의 한 평생 운명과 고난은 나라 빼앗기고 동족상잔하는 우리 민족의 시대적 고난과 그렇게 나란히 기구하게 펼쳐져 갔다. 누가 이 새댁 여인의 고해苦海 같은 인생을 안타까이 연민하지 않을 수 있겠는가. 새댁의 기구한 운명이 바로 온갖 고초를 다 겪은 우리 민족의 운명이라는 생각이 든다.

스물네 번째 이야기

대식이와 순이의 짧은 행복 비망록備忘錄

매인데 없는 세월은 그래도 잘도 간다. 깐깐오월도 다 지나 가고 푸른 하늘에는 뭉게구름이 뭉실뭉실 솜사탕처럼 피어오른다. 소먹이는 목동꼴머슴들은 오전에 소와 더불어 들일을 마치고 오후에는 소풀도 뜯는다. 소는 뒷동산 서늘한 그늘에 매여 놓고 한가하게 누워서 하늘의 뭉게구름을 쳐다보면서 가난과 배우지 못한 서러움을 달랜다. 남과 같이 초등학교에라도 다녔으면 지금 쯤 이렇지는 아니했을 것을. 장터에 있는 자기 친구는 대처에 나가서 돈을 번단다. 설, 추석 명절에는 꼬박꼬박 고향을 찾아 와서 부모님께 효도를 하고 간다. 푸른 하늘에 피어나는 뭉게구름을 바라보면서 장래의 야무진 꿈도 꾸어보고 지금 처지를 슬퍼도 해보지만 그 모든 것이 한낱 꿈이다.

소리도 없이 사라지는 뭉게구름처럼 꿈도 사라진다. 올해 열일곱 살인 대식이는 중간 머슴이 제일 부럽다. 중간 머슴은 자기보다 새경도 많고 걸핏하면 대식이를 자기 몸종같이 부린다. 담배 심부름에서부터 앞마당, 사랑마당 청소까지 다 하란다. 응당 대식이 몫이지마는 가만히 있어도 알아서 할 텐데 잔소리가 너무 심하다. 대식이 하는 일은 표도 나지 않는다. 들에 새참, 점심 나르기는 물론이고, 소 두 마리가 먹어 대는 풀은 뜯어오기도 바쁘다. 아침 먹기 전 식전에 한 짐, 들일이 끝나고 나면 저녁 먹으러 들어올 때 한 짐 꼴을 베어서 지고 와야 한다. 일 못한다고 중간 머슴이 야단을 쳐도 대식이는 아버지 같은 인자한 큰 머슴이 돌봐주는 그 고마움에 울분을 꾹꾹 눌러 참으면서 제 딴에는 꾀부리지 않고 부지런히 일을 한다.

대식이는 솜씨가 좋아서 연장만 손에 쥐면 못 고치는 것이 없고 못 만드는 것이 없다. 망가진 농기구를 잘도 손질해서 큰 머슴한테 칭찬도 많이 듣는다. 주인 댁 인심이 좋아서 주인마님은 어린 대식이가 부지런하고 심성도 바르다면서 많이 귀여워해 주신다. 어쩌다 늦게까지 일하다가 저녁 먹으러 들어오면 뜨끈한 고깃국도 한 뚝배기 퍼주라고 부엌 아이한테 이르신다.

대식이 하나만을 바라보고 사는 대식이 어머니는 여러 자식을 두었지만 모두 잃고 막내 대식이 하나만을 겨우 데리고 산다. 이 댁 인심이 후해서 밤낮으로 이 댁 일을 하는 드난꾼임시로 이집 저집 드나들며 집의 일을 도와주는 사람이다. 오십 줄을 갓 넘은 대식이 어머니는 막내아들 대식이에게 모든 희망을 걸고 산다. 대식이 어머니는 궂은일은 도맡아 한다. 놋그릇 닦기, 고추 방아 찧기, 메주 쑤기, 산더미 같은 빨래를 부엌 사람들과 잘도 한다. 그 뿐인가. 푸새해서 다듬이질하기 등 대식이 어머니는 이 댁에서는 없어서는 안 될 큰 일꾼이다. 주인마님도 겨울에는 솜을 두둑이 놓고 속바지랑 저고리도 해서 주신다.

그 시절, 1940년대 무렵, 마을에서는 새경을 제일 많이 받는 상머슴이 벼로 15-16섬을 받는다. 한 섬 벼를 방아에 찧으면 쌀 한 가마니다. 말로는 다섯 말, 80kg 들이 한 가마니이다. 중간 머슴은 그 절반도 안 되니 하물며 꼴머슴이야 말할 것도 없다. 지금 세상에서 생각하면 보잘 것 없는 보수지만 하루 세 끼를 한 식구처럼 같이 먹으니, 그것으로 식생활은 해결이 되는 셈이다. 그렇게 보수를 받아도 불평 없이 알뜰하게 살았다.

그런 생활이 몇 년이 흘러서 대식이도 이제는 스물두 살 중간 머슴이 되었다. 대식이네는 두 모자가 알뜰해서 남의집살이 하면서 배고프지는 않지만, 대식이가 빨리 장가를 들어서 일가를 이루기를 어머니는 마음으로 빌고 있다. 대식이는 효자다. 새경 받은 것을 축내지 않고 꼬박꼬박 모아서 자릿벼도 조금 놓고 해서 장가만 들면 그런대로 살아갈 만하다. 대식이 어머니는 여기 저기 혼처를 알아보지만 그게 쉽지를 않다.

대식이는 단옷날 옷을 입고 오일장이 서는 장터에 갔다. 같은 부엌에서 종일 마주치는 순이 생각이 난다. 올해 열여덟 살이 되는 순이는 대식이 마음에 든다. 어쩌다 혼자 밥상을 받으면 순이는 생선 토막도 더 주고 밥도 많이 담아준다. 대식이는 순이를 아내로 맞고 싶다. 일도 잘하고 살림 솜씨도 좋다. 이제는 어머니도 편히 모시고 싶다. 이런저런 생각을 하다 보면 자기 앞에서 수줍어하는 순이 생각에 자기도 모르게 깜짝 놀란다.

오늘은 장에 가서 어머니 고무신도 사고 순이에게 줄 선물을 꼭 사야 한다. 무엇을 사줄까……. 생각 끝에 대식이는 처녀들이 좋아하는 크림과 머리에 꽂는 핀을 하나 샀다. 대식이는 크림과 핀을 살 때는 누가 볼 까봐 사방을 두루 살펴 가면서 사가지고 주머니에 넣었다. 그 날 저녁밥을 먹고 나서 상을 물리러 온 순이에게 종이에 싼 것을 밥상위에 넌지시 얹어 놓고 순이에게 말한다.

"이것 너 줄려고 샀다. 다 쓰고 나면 또 사 줄게."

대식이는 말을 마치기도 무섭게 뒤도 돌아보지 않고 방을 나왔다. 다음날 순이는 고맙다는 말도 없고 왜 나에게 그런 것을 사 주느냐면서 따지지도 않는다. 유심히 보니까 순이 머리에는 어저께 사준 머리핀이 예쁘게 꽂혀 있었다. 대식이는 순이를 보고 도리어 자기가 고맙다고 했다. 그렇게 해서 대식이와 순이는 사랑하는 사이가 되었지만 달라진 것은 아무것도 없다.

며칠 후 대식이는 어머니께 올 가을에 장가가게 해 달라고 이야기하면서, 한 집에서 일하는 순이 이야기를 했다. 어머니는 처음에는 의아해 했지만 잘 생각해 보니 자기들 처지에 잘 어울릴 것 같다. 순이네 집이 너무 가난한 게 탈이지만 사람 하나 좋으면 됐지. 그렇게 생각하니 순이의 부지런하고 활달한 성격이 마음에 든다. 생김새도 그만하면 며느리 감으로 손색이 없고 대식이도 좋아하니 다행이라 생각 한다. 이번 가을에는 꼭 그렇게 하리라 마음먹고 나니 여러 가지로 생각이 많다.

한 집에서 살다시피 하는 순이다. 자고 나면 더 의젓하고 예뻐 보인다. 그렇게 봐서 그런지 순이도 인사성이 더 좋아지고 같이 밥을 먹어도 제일 먼저 밥을 챙겨준다. 이심전심으로 서로가 바라보는 눈빛도 서로 다른 것 같다. 그 날 이후 대식이를 대하는 순이는 더 수줍어하고 밥상에도 표 나게 신경을 써 주는 것 같다.

둥둥 팔월도 배불리 먹는 추석 명절도 지나고 수확의 계절 구월도 지나갔다. 대식이 집에는 경사가 났다. 오늘은 대식이와 순이의 결혼식이다. 대식이는 생전 처음 입어보는 명주 바지저고리에 옥색 조끼를 다려 입고 옥색 안감을 넣은 옥양목 겹두루마기를 차려 입으니 훤칠한 키에 잘도 어울린다.

아버지가 안 계시니 작은 아버지께서 상객으로 따라오신다. 순이네 집에서는 오막살이 좁은 마당에 차일을 치고, 마을 손님들을 하객으로 모신 자리에서 결혼식 준비에 바쁘다. 명색이 잔칫날이라 집안 가득이 음식상이 차려지고, 건넌방에서는 신부 단장을 곱게 한 순이가 마님께서 보내주신 족두리를 머리에 쓰고 거울을 연신 들여다본다. 순이의 복스러운 얼굴이 환하다.

지난봄에 대식이에게서 받은 선물이 고마워서 순이도 대식이에게 선물을 했다. 지금 생각하면 그 선물은 정말 잘 했다고 생각된다. 대식이가 그렇게 가지고 싶어 하던 말뚝 라이터다. 말뚝 라이터! 그 옛날 해방 직후 농촌 사람들은 성냥이 귀해서 부싯돌로 담배 불을 댕겼다. 그런데 해방이 되고부터는 시골 산촌에도 라이터가 나타났다. 장터에 가면 더러 라이터가 가게에 있었다. 대식이는 라이터를 가지고 싶지마는 돈이 아까워서 사지 못하고 여전히 부싯돌 담배 불을 붙여서 피웠다.

어느 날 순이가 손에 쥐어주는 말뚝 라이터를 선물로 받고 얼마나 좋은 지. 그날 밤은 담배를 연거푸 피웠다. 찰칵하고 누르면 솟아오르는 파란 불꽃이 참 신기하다. 말뚝 라이터, 길이가 5~6cm되는 기다란 모양의 라이터는 해방 직후 농촌에서 유행하고 주로 일꾼들이 많이 가지고 있었다. 모양이 길다 해서 말뚝 라이터라 불렸다.

라이터 불꽃같이 그들의 사랑은 환하게 이루어 져서 오늘 결혼식을 올리는 것이다. 한 마을에 사니까 서로의 형편도 잘 알고 해서, 중신애비를 보낼 것도 없이, 두 집이 의논을 해서 날을 잡고 길일을 택해서 이렇게 결혼식을 올리게 되었다. 그래도 형식은 갖춰야 하기 때문에 양가에서 주고받는 예물은 각기 형편대로 마련하였다.

신랑 집에서는 여유가 있어서 비록 무명 이불이기는 해도, 이불 한 채 다홍치마 남치마를 예단으로 보냈다. 삼일신행을 해서 시집을 가니 대식이 어머니는 새 며느리가 얼마나 곱고 예쁜지 딸처럼 사랑하리라 생각했다. 부엌살림을 며느리에게 맡기고 전과 다름없이 남의 집에 일을 하러 다녔다. 대식이와 순이도 더욱더 열심히 일을 하고, 서로 사랑하면서 새 희망에 세월 가는 줄을 몰랐다. 순이 머리에는 언제나 예쁜 핀이 꽂혀 있고 대식이 조끼 주머니에는 촉감이 좋은 말뚝 라이터가 언제나 대령하고 있다. 그 해 가을 대식이는 중간머슴 새경을 받아서 아랫방에 쌓아 놓으니 세상에 부러울 게 없다. 남의 집 부엌에서 일만 하던 순이도 이제는 어엿한 주부로서 시어머니 모시고 대식이와 오순도순 내 살림을 하니 일을 해도 재미가 절로 한다.

그렇게도 곱고 현란하던 단풍도 추적추적 내리는 가을비에 애처롭게 다 떨어지고 삭풍이 몰아치는 한 겨울이 와도 대식이와 순이는 행복했다. 함박눈이라도 펑펑 쏟아지는 겨울밤이면 부지런한 대식이가 틈틈이 해서 울밖에 쌓아놓은 나무가리가 얼마나 푸짐한 지 삼동은 거뜬히 넘고도 남겠다. 그 나무로 군불을 때고 따끈한 아랫목에서 등잔불을 돋우고 시어머니 곁에서 바느질 하는 순이는 처녀 때 보다 한결 의젓하고 얌전하다. 이것저것 바느질감을 챙겨두고 부엌에 내려간 순이는 함박눈이 소리도 없이 내리는 마당가에서 잠시 친정어머니 생각을 한다. 같은 마을에 계셔도 자주 가서 뵙지를 못한다. 어머니가 보고 싶다. 초저녁에 군불솥에 쪄 두었던 밤을 소쿠리에 수북이 담아서 시어머니께 갖다 드렸다. 시어머니는 밤 소쿠리에서 한 움큼 집어서 놓고, 소쿠리채로 순이에게 주면서 밤도 깊었으니 바느질은 그만하고 건너가서 자거라 하신다.

안방에서 물러 나온 순이는 얼굴 가득이 행복한 미소를 지으면서 손바닥에 소리도 없이 내리는 함박눈을 받아 본다. 싸늘한 촉감이 참 좋다. 이렇게 밤새 눈이 내리면 내일은 하루 종일 집에서 있을 남편을 위해서 남편이 좋아하는 별식이라도 해야겠다고 생각한다. 부잣집처럼 번거롭고 가짓수가 많은 좋은 음식이야 장만 할 수 없지만 시루떡이라도 찌고 시어머님께 좋아하시는 식혜라도 해서 드리고 친정어머님께도 갖다 드려야겠다고 생각한다.

사각사각 청솔가지 울타리에 눈 내리는 소리를 꿈결에 들으면서 순이는 행복한 꿈을 꾼다. 마당가에서 들리는 인기척에 눈을 뜬 순이는 깜짝 놀라 방문을 열어보니 밤새 눈이 얼마나 많이 왔는지 천지가 눈으로 덮여 있다. 참 기분이 좋다. 부지런한 대식이는 언제 일어났는지 뒤곁에서 눈을 쓸어내느라 한창이다. 멀리 내려다보이는 마을의 지붕마다 하얀 눈이 수북이 쌓이고 순이 눈에는 쌀가루처럼 희고 고운 눈이 마당에 가득하다. 마당에 눈을 쓸면서 순이는 이 눈이 전부 쌀가루라면 얼마나 좋을까 생각한다. 가난한 사람들은 그런 생각을 자주 한다.

순이가 부엌일을 하던 집에 제사가 드는 날이나, 큰일 치를 일이라도 있으면, 어김없이 순이는 그 댁에 가서 며칠을 일을 한다. 기름진 음식도 먹어 보고 마님께서 챙겨 주시는 음식을 시어머니께 갖다 드리면 참 좋아 하신다. 겨울밤에 소리도 없이 쌓이는 함박눈처럼 대식이와 순이의 행복도 그렇게 쌓여갔다.

눈 내리고 삭풍이 몰아치는 추운 겨울을 등 따습게 보내고 설을 쇠니 어느 덧 봄이 왔다. 종달새가 하늘에서 노래하고 나비는 쌍쌍이 춤을 춘다. 대식이는 여전히 남의 집 머슴살이를 하면서도 틈틈이 자기 농사를 부지런을 떨어 가면서 짓는다. 순이도 머리에 두건을 쓰고 보리밭을 맨다. 부엌일만 하다가 자기 농사라고 밭을 매니 기쁘기도 하지만 조금은 힘이 든다. 부연 흙먼지를 뒤집어쓰고 들에서 일을 해보니 부엌에서 밥 짓고 아궁이 앞에서 불 때는 것이 한결 편한 것 같다. 봄바람에 얼굴도 트고 손도 거칠다. 그러나 이제는 이것이 내 살림이려니 생각하니 절로 힘이 솟고 자기 처지가 새삼 행복하다. 열심히 일을 해서 논 한 마지기라도 더 장만해야지. 대식이와 순이는 그런 희망에 오늘도, 열심히 일을 한다.

시어머니께서는 대식이 부부에게 하시는 말씀이 있다. "옛날 말에 어른들께서 말씀하시기를"하고 서두를 꺼낸다. 그리고 말씀이 이어진다.

"댓돌에 신발 두 켤래가 놓여 있을 때 재물을 모아라. 즉 어린 것들이 태어나기 전에 부지런히 일을 해야 한다, 그래야지 아이들이 하나 둘 태어나면 쓰임새도 많고 해서 돈 모으기가 어렵다."

시어머니께서는 막내 대식이가 결혼을 했으니 이제는 하루 빨리 손자가 보고 싶다. 시어머니의 소원대로 순이는 봄으로 접어들면서 아기를 가졌다. 초가삼간 오막살이지만 경사가 나고 집안이 또 한 번 기쁨이 넘친다. 기와집도 부럽지 않다.

6·25 전쟁이 터졌다. 삼천리강산이 전란에 짓밟히는 날이 온 것이다. 깊은 산촌에도 이삼년 전부터 공비가 출몰하더니 기어이 난리가 쳐들어 왔다. 무지한 농민들은 그들의 감언이설에 속아서 어느 날 장터 초등학교 운동장에 강제로 모였다. 그것도 18세에서 25세 사이의 젊은 사람들만 모였다. 그들은 조금 배운 사람들을 앞세워 연설을 하게하고 솔선수범으로 의용군에 자원을 하라고 했다. 미처 피난을 가지 못한 이 마을 젊은 사람들은 사리 판단도 제대로 하지 못하고 의용군에 끌려갔다. 다행이 대식이는 자기가 일하는 주인집의 아들의 배려로 의용군에 가지 않고 더 깊은 산골짜기로 피신을 했다.

질서가 무너지고 온갖 것이 뒤바뀐 세상이다. 절망과 고통과 혼란의 몇 달이 지나가고 대식이가 돌아 온 마을은 옛날의 인심도 간 곳이 없고 참혹한 모습을 눈 뜨고는 볼 수가 없다. 의용군에 끌려간 아들 소식을 몰라 애태우는 부모들의 비탄은 말로 다할 수 없다. 죽은 사람들은 자신의 희생은 딱하기 그지없거니와 가족의 고통이 오래 상처로 남는다. 끌려가서 소식도 모르는 사람들은 또 얼마나 기구한가. 또 어떤 사람들은 수복 후에는 부역으로 몰려서 경찰에 잡혀간다. 참담하고 기약 없는 세월이요 인생살이다.

순이는 이번 겨울이면 아기를 낳는다. 난리 중에 사는 것이 아닌 것처럼 살았지만 그래도 가족이 모두 무사하니 얼마나 다행인지 모른다. 두 손 모아 신령님께 감사한다. 열심히 일을 한 보람이 있어 가을에 수확도 만족하게 거두었다. 그 해 초겨울 순이는 무사히 아이를 순산했다. 시어머님과 남편의 기쁨은 하늘에 닿을 듯이 크다. 순이도 한 숨 돌리고 아기의 고른 숨소리와 예쁜 모습에 천하가 다 내 것 같이 행복했다.

대식이도 내년 봄 농사를 위해 이것저것 준비에 골몰하다 밤에는 대식이 부부는 가마니를 짜고 새끼를 꼬면서 알뜰하게 살림을 꾸려 나갔다. 순이는 아기를 볼 때마다 다짐한다. 돈을 모아서 아기를 잘 가르쳐 남편이 못 배운 한을 풀리라 다짐한다. 전쟁 중이라 온 나라가 뒤흔들리고 마을의 인심도 흉흉하지마는 눈에 뒤덮인 산촌은 겉으로는 그래도 조용하다.

전쟁 중인데 내일은 누구의 집 아들이 군대에 간다고 한다. 마을의 군대에 가는 사람이 있으면 날씨는 더욱 춥고 칼바람이 사정없이 분다. 전쟁 중이라 보내는 부모와 가는 아들이나 살아서 돌아온다는 기약은 없다. 서로가 서럽게 울고 아쉬움에 몸부림친다. 그렇게 떠난 아들들이 백골들이 되어서 돌아오는 날 그 슬픔을 하늘인들 어찌 감당하랴, 슬프고 불쌍한 민족이여. 우리는 언제 한번 가슴을 펴고 행복에 겨워서 춤을 출 것 인가.

매운바람이 소백산맥의 등을 타고 마을을 뒤흔들 때 이 나라는 다시 한 번 전율에 떨어야 했다. 인해전술로 쳐내려오는 중공군을 감당 못하고 북진을 거듭하던 국군은 다시 남쪽으로 남쪽으로 밀려 내려온다. 6·25 동란 직후 의용군에 끌려가던 일이 생생하여 이번에는 자원해서 국군에 입대를 하는 사람이 많다. 대식이도 그런 와중에서 군대에 간다. 늙으신 어머니와 어린 아이와 사랑하는 순이를 뒤에 두고 꼭 살아서 돌아온다는 약속을 천만 번도 더하고 떠났다.

순이가 선물한 말뚝 라이터를 속주머니에 깊이 간직하고 대식이는 떠났다. 아들을 떠나보낸 어머니는 가지 못하게 붙잡지 않은 것을 가슴을 치며 후회하고, 순이는 잠든 아기를 안고 밤마다 울었다. 두 여자는 오직 천지신명께 빌고 또 빌었다. 두 여자는 대식이가 돌아오는 그 날을 위하여 이를 악물고 참아야 한다고 생각하고 일을 더 열심히 했다. 해가 가고 달이 가고 어느 전선에 가서 있는 지도 모르는 대식이에게서 서너 번 편지를 받았다. 몸 성히 잘 있다는 짤막한 사연과 식구들의 안부를 물어 오는 간절한 그리움이 담긴 절절한 편지다. 편지가 오는 날은 어머니는 식음을 전폐하고 밤새도록 천지신명께 빌고 또 빈다. 성격이 활달하고 매사에 능동적인 순이는 늙으신 어머니와 어린 아들을 생각하고 정신을 바짝 차려야 한다고 굳게 마음먹었다. 기약도 없는 기다림 속에서도 아기는 잘 자라서 첫돌이 지나갔다. 두 여자는 아기의 재롱떠는 모습에서 기쁨을 맛보고 살아가는 보람을 찾을 수 있었다.

누가 말했던가. 지성이면 감천이라고. 하늘도 감동해서 뜻을 이룬다고 했지마는 천지 만물고하 인간사의 변화를 그 누가 알겠는가. 천지신명께 소원을 기원하는 것은 거룩한 행위요 감동적인 진실인 것은 변함이 없지만, 그 행위 자체가 자기만족이요, 위안일 뿐이다. 운명을 누가 대적하겠는가. 대식이는 끝내 돌아오지 않았다. 그는 나라를 위해서 장렬히 산화했다. 남은 두 여자는 슬픔과 눈물로 세월을 보내면서 아기를 위해서 살고 아기를 위해서 울고 웃는다. 그것이 생활이요 남은 자의 보람이다.

순이는 생각을 해 본다. 먼저 간 사람의 괴롭고 서러움이 하늘에 사무치겠지마는 살아남은 자의 외로움과 서러움도 생을 마감하는 순간까지 영원히 이어지리라. 인생은 그렇게 세월 따라 강물 같이 흘러간다.

스물다섯 번째 이야기

내가 보았던 빨치산

자연의 법칙은 한 치의 어긋남도 없다. 이렇게 추운 겨울이 언제 가고 꽃피는 봄이 올 것인가. 그러나 그 봄은 화려한 막을 연다.

산과 들에는 진달래 개나리가 봄을 안고 오고, 화창한 봄 하늘에는 종달새가 노래한다. 제비는 날랜 몸집으로 봄 하늘을 훼훼 날아다닌다. 때로는 낮게 날면서 실개천의 물이랑에 하얀 배를 씻는다. 민첩하고 날랜 사람을 물 찬 제비 같다고 한다. 누가 산에서 꺾어 왔는지 마당 장독대에는 진달래가 큼직한 항아리에 소담하게 꽂혀 있다. 안채에서 사랑으로 대문에서 중문으로 들고 나면서 누구든지 한 번은 쳐다보고 봄을 느낀다. 얼굴 가득이 미소를 띠면서 얼었던 사람들 마음을 웃음으로 녹여준다. 꽃피는 봄은 그래서 좋다.

달이라도 밝은 밤이면 벚꽃, 살구꽃에 취해서 밤잠도 자지 않고 또래끼리 모여서 논다. 겨울동안 깊은 산골짜기에서 얼었던 물이 녹아

내려서 동네 앞, 실개천을 돌돌 굴러가는 물소리는 그야말로 봄의 교향곡이다. 손꼽아 헤아리기조차 아득한 옛날 내가 처녀 시절을 보낸 내 고향의 봄은 이제는 그리움을 넘어서 가슴이 저리도록 아픔으로 다가온다.

사랑채 바깥마당에는 겨울의 긴긴밤을 일꾼들이 희미한 등잔불 밑에서 한 방 가득이 모여서 만든 멍석이 차례차례 여섯 일곱 장 깔리고 햇보리가 수북 수북이 쌓여있다. 초여름, 따가운 볕에 잘 말려서, 여름 동안 먹을 보리양식을 장만해야 한다. 때때로, 고무래널려있는 보리를 이리저리 모아 저어서 골고루 미는 나무로 만든 농기구로 잘 저어서 말려야하기 때문이다. 스무 마리도 넘는 닭은 긴 장대로 쫓아도 다시 와서 보리를 실컷 쪼아 먹는다. 일손도 딸리고 쫓아도 소용이 없으니 아예 실컷 먹으라고 내버려 둔다.

오뉴월 초여름이면 농사짓는 사람은 푸른 하늘 한번 들여다볼 마음의 여유도 없다. 그야말로, 별을 보고 들로 일 나가고 별을 보고 집에 돌아온다. 소나기가 퍼부어도 들에서 하던 일을 멈출 수가 없다. 이렇게 부지런하게 일하면서 살아가는 농촌사람들에게는 조국이 해방이 되고, 독립을 했다고 하지만 일상생활에서는 아무런 변화가 없다.

민주주의가 무엇인지, 공산주의가 어떤 것인지 알 수도 없고, 알 필요도 없다. 그저 피부에 와 닿는 느낌은 왠지 불안하다. 세상이 험한 까닭에 자고나면 들어오는 소식은 흉흉하기만 하다. 어느 마을, 누구네 집에, 빨치산이 나타나서 다 털어가고, 사람을 해쳤다고도 한다. 그런데 그런 일이 이 마을에도 끔찍하게 일어났다. 초저녁에 빨치산이 나타나서 삼대독자를 부자라는 이유로 무자비하게 사살하고 마을의 몇 집을 털어갔다. 그런 악몽을 겪으면서 마을 사람들, 특히 밤이면 젊은 남자들은 장터에 가서 자고, 인심은 흉흉해졌다. 장터에 가서 자는 이유는 그곳에는 지서가 있기 때문이다.

이렇게 혼미한 상태에서, 여름을 맞이한 마을은 초여름도 지나고 녹음이 우거지고 장대비가 쏟아지는 성하가 되었다. 내리쪼이는 폭염 아래, 벼는 무럭무럭 자라고 겉으로는 변함없는 일상이 지나간다. 빨치산들이 마을을 휩쓸어간 후로는 경찰이 조를 짜서 10명 정도 우리 마을에서 더 깊은 산중에 있는 마을로 밤이면 잠복근무를 간다고 한다. 해가 지고, 땅거미가 밀려올 때면 무장을 한 경찰이 우리 마을을 지나서 골짜기로 올라가는 것을 나도 여러 번 보았다.

그때가 1949년 여름이다. 그 날따라 며칠을 두고, 장맛비가 쏟아지고 들리는 소문으로는 빨치산들이 산속에서 생활을 못하고 비를 피해 민가로 내려온다고들 한다. 밤이면 빨치산이 무서워서 등잔불마저 켜지 못하고 암흑 속에서 살았다. 며칠 두고 쏟아지던 장맛비가 뜸하고 날이 활짝 개었다. 오래간만에 맑게 갠 푸른 하늘은 눈부시고 태양은 뜨겁다.

오전 11-12시쯤 되었을까. 샘물에 나물을 씻으러 갔던 부엌아이가 얼굴이 하얗게 질리고 숨이 턱에 차오르면서 허둥지둥 달려와서 하는 말이, 경찰이 빨치산들을 여러 명 잡아가지고 웃담에서 내려온다고 한다. 우리는 오빠들과 한달음에 대문 밖으로 나가서 그들을 보았다. 새까맣게 그을리고 깡마른 사람들이 눈빛만 현현하게 빛나면서 팬티

와 너덜너덜한 상의만 걸치고 있었다. 팔을 뒤로해서 포승줄로 꽁꽁 묶인 빨치산 한 사람을 경찰 두 사람이 포승줄을 붙들고 걸어 내려오고 있었다. 무려 5-6명이나 되었다. 어른들이 집에 들어가라고 꾸중을 하셔서 우리 여자들과 아이들은 모두 집에 돌아왔다.

그 날 오후에 들리는 이야기는 동구 밖 큰 시냇물에서 기어이 일이 터졌다고 한다. 장마 끝이라 거센 냇물이 굽이쳐 흐르는데, 다리를 건너야 신작로로 갈 수가 있었다. 경찰이 그들을 끌고 다리를 건너는 순간, 그 중 한 명이 냇물로 뛰어들었다고 한다. 포승줄에 묶인 채로, 뛰어들었다고 한다. 경찰이 무의식중에 포승줄을 놓아서 그 빨치산 한 명은 물살에 휩쓸려 떠내려갔다고 한다. 냇물 이쪽저쪽에서 구경꾼이 장꾼들처럼 모여서서 그 광경을 목격했다고 한다. 냇물에 뛰어든 그는 그날 해질녘에 시체로 발견되었다. 평화로운 산촌의 풍경은 간곳없고, 그 시절의 내 고향은 무섭고 섬뜩한 일들이 지금도 생생하게 떠오른다.

사람이 살아가는 곳이란 어디던가. 기쁜 일도, 슬픈 일도 서로 동화되어서 사노라면 그것이 역사다. 내가 태어나고 자란 내 고향도 예외없이 그런 역사를 이어나가고 있다. 그리움이 사무치는 내 고향, 지금은 아련한 추억으로만 남아서 영원히 내 가슴에 살아있을 것이다.

제3부

그리워라 고향마을

세시歲時풍경

스물여섯 번째 이야기

옛 고향 사계四季의 풍속

정겹고 즐겁던 설도 지나고, 온 마을이 풍물소리도 홍겹게 정월 대보름달이 기울도록 새해의 소망을 기원하면서, 하늘 높이 살라버린 달집의 화려한 불꽃의 아름다움도, 장엄한 희망같이 가슴에 불타던 정월도, 다 지나갔다.

새 희망 새 마음으로 음력 이월을 맞으면서 농촌에서는 농기구를 정비하고, 밀린 거름도 들판으로 나르고 해야 한다. 이월은 액달이라 해서 여자들은 될 수 있는 대로 남의 집 방문을 삼간다. 이월 달에는 영동할미경상남도에서는 영등할미라고도 한다가 대지에 씨를 뿌리려고 내려온다.

음력 이월은 영동할미 바람이 세게 부는 계절이다. 때로는 비도 오고 진눈깨비도 온다. 영동할미는 비가 오면 며느리를 데리고 하늘에서 내려오고 바람이 불면 딸을 데리고 내려온다 했다. 비가 올 때

며느리를 데리고 내려오면 며느리의 고운 옷이 비에 젖어서 볼품없게 되게 때문이요, 바람이 불면 딸의 고운 옷이 바람에 팔랑팔랑 휘날려서 딸의 고운 자태가 한층 더 고와 보이기 때문이라 한다.

옛말에 시어머니 심술은 하루 세 번 하늘에서 내린다고 했다. 영동할미도 그런 심술이 한 몫을 한 것 같다. 그러나 나는 그렇게 해석하고 싶지 않다. 며느리는 사랑하는 아들의 부인이오. 집안에서 큰 자리를 차지하는 며느리다. 혹시라도 그 고운 자태가 남의 눈에 더 예쁘게 보여서 손이라도 타면 큰 일이다. 그래서 비에 젖어서 볼품없게 보여야 한다. 딸은 예쁘게 더 예쁘게 보여서 좋은 혼처 고르고 골라서 보여야 하기 때문에 바람이 부는 날 데리고 내려오는 것이다. 영동할미가 며느리, 딸을 데리고 내려왔다가 올라가고 나면 제법 봄볕이 따사롭다. 이즈음엔 텃밭에 가지나무 그루터기도 캐내고 봄나물의 씨도 뿌려야 한다. 감자도 눈을 따서 이월 달에 심어야 하기 때문에 뒷방의 할머니들은 감자 눈 따느라고 손놀림이 부산하다. 이월 달에는 앞으로 춘궁기春窮期가 돌아오기 때문에 양식을 아껴 먹어야 한다. 그래도 일철을 앞두고 잘 먹어야 하기 때문에 이월 계절 음식으로 떡을 해서 먹는다. 광 항아리에 꼭꼭 숨겨 놓았던 팥을 삶고 겨울동안 먹다 남은 누런 늙은 호박이 얼어서 썩기 전에 굵게 채 썰어서 듬뿍 넣고 시루떡을 찐다. 가을고사 때처럼 집집마다 돌리지 않고 식구끼리 아껴가면서 맛있게 먹는다.

붉은 팥고물을 듬뿍 얹고, 결이 삭은 호박은 설탕처럼 달고 맛이 있다. 늙은 호박은 천식에 좋다 해서 옛날부터 많이 해먹는 음식이다.

이월 달의 음식은 뭐니 뭐니 해도 호박 시루떡이다.

이월 초열흘이 지나고 나면 영동할미 바람도 자고 조금은 봄기운이 감돈다. 겨울동안 눈 속에서 자란 강인한 보리는 제법 파란 이랑을 이루고 농부들의 애무에 손길을 기다린다. 영등할미 바람이 잠잠하다고는 하지마는 흙먼지를 동반한 봄바람은 매우 차다. 보리밭을 매고 있는 농부들은 눈은 빽빽하고 손등은 거북등처럼 봄바람에 크고 거칠다.

이월 달이 액달이라 했던가. 어른 아이 할 것 없이 환절기를 넘기느라 감기에 걸리고, 겨울동안 조금은 편했던 만큼 일이 힘에 부쳐서 몸살을 앓는다. 어린 애기들은 지금처럼 예방주사도 못 맞으니 홍역에 걸려서 부모들의 애간장을 태운다. 과학적인 상식은 없지만 그래서 이월 달을 액달이라 정해 놓고 남의 집에 가는 것을 삼가 했나보다. 혹시라도 홍역이라도 전염될까봐 온 마을이 조심 또 조심한다. 이월 달은 개도 잡아먹지 않고, 부정한 데는 가지도 않는다.

꽃 안 피는 이월은 없다고 계집아이들이 뜯어오는 봄나물쑥, 냉이, 달래, 등등 바구니에는 보드랍고 자주색이 예쁜 보송한 할미꽃이 담겨있다. 어린 여자아이들은 소꿉놀이를 하면서 할미꽃으로, 족두리를 만들어 새색시인형에 사뿐히 씌워준다.

잘 사는 집에서는 부엌아이가 아직은 까만 땅에서 뜯어오는 쑥으로 절편을 만들어 봄의 향기를 어른들께 맛보시게 하고, 이웃에 노인들이 계시는 집에는 고루고루 보낸다. 근신하고 조심하면서 액달을 보내면 그야말로 춘삼월 호시절이다. 산과 들에는 봄꽃이 다투어 피어난다.

누가 뭐라 해도 진달래가 제일 먼저 사람들의 눈을 부시게 한다. 내 마음에도 시심詩心의 꽃이 저절로 피어난다.

아직은 까만 선등성이 너는 화려함도 향기도 없지만
너를 반가는 마음 장미. 목단에 비하랴
거센 봄바람에 네 여린 모습 스러질까
밤새 애태운 마음 네 수줍은 고운 볼에 입 맞추면
봄은 정녕 내 곁에 있음이야

진달래 꽃다발로 봄은 열리고 사람들은 봄을 노래한다. 아랫마을 화순이는 이제 겨우 열일곱 살인데 이번 삼월에 시집을 간다. 지금 세상에는 예식장에서 결혼식을 올리지마는 그때는 신부 집 마당에다가 차일치고 일가 동네사람 모두 모여서 축하해 주는 그런 오붓하고 정감이 넘치는 혼례식을 올린다.

화순이네 집은 가난해서 예법대로 일년을 묵히지는 못하지마는 하다못해 가을걷이라도 끝내고 보냈으면 하는 것이 어머니의 소원이다. 입하나 덜기 위해서 그렇게는 할 수 없고 삼 일만에 신행길을 떠나야 한다. 화려한 원삼도 입어보지 못하고 다홍치마 노랑저고리에 족두리만 빌려 쓰고 초례청에 섰다. 그래도 화순이는 오늘 만큼은 제일 예쁘다. 사람이 한평생을 살아가는데 제일 중요한 것이 먹고사는 것이다. 옛말에 논 서마지기 사지 말고 입 하나 덜라고 했다. 오죽하면 입하나 덜려고 어린 딸을 삼 일 만에 시집을 보내겠는가. 그래도 그렇게 시집을 간 화순이는 다복하게 잘 살았다.

초례청에는 마당 가득히 축하객이 모이고, 조촐하지만 오늘 만큼은 잔치음식이 풍족하다. 축의금이 있는 것도 아니지만 집안과 마을 사람들이 축하하는 마음에서 진심으로 보내주는 찹쌀과 여러 가지 곡물들, 밤, 대추. 그리고 신부에게 보내주는 비단 저고릿감, 치마감이 있었다. 잘 사는 가까운 친척이라도 있었으면 그때만큼은 인심도 좋게 잔치에 쓰라고 돈 봉투도 보내준다. 모두들 마음에서 우러나는 정겨운 풍습이다.

초례청에 차려놓은 중앙에 차리는 상상에는 신랑 쪽에는 암탉, 신부 쪽에는 수탉 한 마리씩 날개를 묶어서 올려놓고 쌍촛대에는 붉고 굵은 초가 활활 탄다. 여러 가지 음식이 올라가지만 그 중에서도 윤이 반짝반짝 나게 닦은 놋그릇에 생쌀을 수북이 담아서 상 위에 올려놓는다. 날개를 묶인 닭이 푸드득거리면서 쌀을 쪼아 먹기도 한다. 결혼식이 끝나면 너도나도 한 줌씩 그 쌀을 집어간다. 아이들이 잠자면서 이를 가는데, 그 쌀을 먹이면 이를 갈지 않는다고 모두들 다투어 가지고 간다.

옛날에는 행세깨나 하는 집안에서는 딸을 봄에 결혼시키면, 가을걷이가 끝나는 늦가을이나 아니면 꼭 일 년을 친정에서 묵고 시집으로 간다. 딸이 친정에서 일 년을 묵으면 새 사돈댁에 인사치레 할 일도 많다.

단오 추석 명절에는 말할 것도 없고 철이 바뀔 때 마다 음식에서 의복에 이르기까지 절차도 복잡하고 보내는 물건도 많다. 그렇게 계절이 바뀔 때 마다 하인을 보내어 인사치레를 전하는 법이다. 그 뿐이랴

새 사위가 처가에 다니러 오면 그 대접은 과히 칙사 대접이다. 새 사위 의복은 철따라 해야 하고 대소가의 동행들도 나이가 비슷하면 새 사위가 돌아갈 때까지 같이 놀고 즐긴다. 그렇게 하는 것이 새 사위에 대한 대접이었다. 그럴 처지가 못 되는 집에서는 입 하나 덜자고 어린 딸을 시집을 보내는 것이니 삼일신행을 보낼 수밖에 없다. 그렇게 삼일 만에 시집을 보내고 나면 친정 어머니는 마음이 허전하고 딸이 불쌍해서 몇 달을 두고 가슴앓이를 한다. 제 말귀에 딸려 보냈지만, 부디 잘 살라고 말한다. 어머니는 딸에게 신랑이 장가 올 때 옛날에는 말을 타고 왔다고 해서 그렇게 말한다.

산과 들에는 개나리 진달래가 흐드러지게 피고 마당 장독위에는 진달래가 봄을 집안 가득히 화사하게 장식한다. 개나리 울타리에는 샛별같이 예쁜 개나리가 앙증맞은 모습으로 지나가는 사람의 눈길을 잡는다.

마당 바지랑 장대에 쳐 놓은 빨래 줄에 가지런히 앉아서 지지배배 조잘거리는 제비 떼를 보아도 봄은 어김없이 강남에서 왔다. 귀한 집 딸들은 고운 옷 입고 종일을 놀면서 화전놀이도 하고 시도 때도 없이 놀지만, 밥하고, 빨래하고, 동생들을 돌보면서 집안일을 도맡아 하는 딸들이 더 많다. 그 중에는 또래들이 학교에 가도 소학교 문전에도 못 가보고 어머니를 도와서 살림살이를 일찍부터 하는 딸도 있다. 삼베옷에 검은 고무신을 신었지만 자기 처지를 잘 아는 영희는 불평 한 마디 없이 어머니의 뜻에 순종하면서 부엌살림을 손끝도 야무지게 잘 해 나간다. 첫 딸은 살림 밑천이라 했던가. 그런 딸이 고맙고 안쓰러워서 어머니는 영희 생각만 하면 학교에 못 보내는 것이 제일 가슴 아프다.

영희 어머니는 몇 일째 생각이 많다. 쌀독에는 이제 쌀도 얼마 남지 않았고 조석 끼니가 걱정이다. 푸른 물결을 출렁이면서 보기에도 시원한 보리가 익으려면 아직 멀었다. 이 아름다운 봄의 전원은 생활과는 무관하다. 그날 밤 영희 어머니는 남편과 상의를 해야겠다고 생각한다. 아무래도 보릿고개를 힘들게 넘어야겠다. 올해도 변함없이…….

춘궁기가 되면 마을의 몇몇 집은 꼭 장리벼를 놓는다. 봄에 갖다가 먹고 가을 추수가 끝나는 대로 갚으면 된다. 어렴풋한 내 기억으로는, 보릿고개에 벼 한 가마니 가져다 먹으면 가을에 갚을 때는 벼 한가마니 반을 갚으면 된다. 따지고 보면 조금은 비싼 이자지만 그렇다고 굶어 죽을 수는 없었다. 장리벼를 미처 갚지 못해서 딸을 뺏겼다는 이야기도 있지만, 이 마을 인심은 그렇게 각박하지는 않았다. 한 마을에 살면서 인심이 그리 못돼서야 되겠는가.

가을걷이가 끝나고 장리벼를 챙기면서 씨암탉이라도 두어 마리 지게 끝에 얹어서 간다. 올해 농사 잘 지었구나. 그 수고를 치하하면서 받는 쪽에서는 벼 한가마니 반이 아니고, 벼 한 가마에 두말 더 쳐서 받는다. 그때는 벼 한 가마니가 다섯 말이었다 장리벼를 갚고 돌아서는 농부는 그래도 춘궁기를 어린 처자식 하고 무탈하게 보낸 것이 다행이라 생각하고 한숨 돌리고 기운을 차린다.

화려하고 아름다운 꽃의 계절, 봄. 처녀들이 화전놀이에 부러움을 품어 보지만, 그럴 처지가 못 되는 자신이 조금은 속이 상하지만, 그러나 부모님을 도와서 열심히 일을 하는 처녀들은 살림살이를 잘 배워서 훗날 시집을 가면 일 잘하는 주부로 마을에 손꼽힌다. 남자 아이들은 겨우 초등학교를 졸업하고 얼마 되지는 않지만 자기 손으로 열심히 농토를 가꾸고 농사일을 배우면서 훌륭한 농부로 자라난다.

장리벼로 춘궁기를 넘기면서 그럭저럭 음력 사월이 다가온다. 푸짐하고 인정이 넘치던 사월 초파일과 더불어 마을 잔치도 지나가고 보리는 제법 이삭이 영글어서 아쉬운 대로 풋바심을 하면 먹을 만하게 되었다. 양식이 떨어진 집에서는 하는 수 없이 아직 덜 영근 보리를 베어다가 보리 이삭을 대충 낫으로 끊어 가지고 큰 가마솥에 찐다. 그렇게 해서 디딜방아에다 찧으면 파란 보리알이 수북이 쌓인다. 그 파란 보리알을 넣고 또 봄나물을 듬뿍 넣고 죽을 끓이면 그런대로 햇보리라 맛이 좋다. 일부러 그렇게 장만해서 아이들 간식으로 주는 집도 있다. 배리한 맛이 쫄깃하고 맛있다. 춘궁기를 풋바심으로 넘기면서 힘든 인생살이를 한다.

음력 사월 말, 오월 초가 되면 기다리던 보리타작을 한다. 보리타작하는 날은 초여름 더운 날인데도 농부들은 절로 신명이 난다. 그 날은 미리 구해 놓은 일꾼들이 짝을 지어서 타작마당에 들어선다. 땡볕에 바짝 마른 보리 단을 넓은 마당 가득 펼쳐 놓고 쭉 둘러서서 도리깨보리나 콩 다작 할 때 쓰는 농기구를 꼴아 쥐고 힘차게 후려친다. 한 번 후려친 도리깨는 어깨 너머로 넘어갔다가 다시 어깨 너머로 넘어온다. 일꾼들의 구령소리에 맞추어 도리깨는 비호 같이 앞뒤로 춤을 춘다. 어느덧 삼베 적삼은 흥건히 땀에 젖고 얼굴에는 땀이 비 오듯 한다.

한나절이 되면 새참이 나온다. 햇보리 밥에 열무김치, 그리고 구수한 된장찌개 기타 등등. 봄 내내 주린 배라 큼직큼직한 양푼에 수북이 담은 보리밥은 보기만 해도 배가 부르다. 곁들여서 나오는 밀국수, 그리고 농주는 또 얼마나 달고 맛이 있는지. 농주 한 잔에 피로를 풀고 일꾼들은 보리타작을 계속한다.

보리타작 하는 날은 조금 더워도 안채에서는 밀창방문을 꼭꼭 닫는다. 보리 가시레기가시랭이라고도 한다. 가시의 부스러기는 살에 붙으면 몹시 가렵고 따끔따끔하다. 그러니 더운 날씨에 보리타작을 하는 일꾼들이야 오죽이나 괴롭겠는가. 없는 것이 죄라서 그 고생스러움을 참고 한평생을 살아가는 것이 농부들이다. 꿈에도 부자가 되고 싶고 대지주가 되고 싶다. 긴 장죽 물고 모시고이 적삼에 하인 거느리고 자기들 농토를 휘돌아보는 대지주들은 참 팔자도 좋다.

융단을 깔아놓은 것처럼 파란 들판은 불어오는 산들바람에 절로 기분이 좋다. 인심 좋은 샌님은 하인을 장터로 보내서 돼지고기 몇 근, 고등어 자반, 그리고 담배도 여남은 갑 사라고 분부한다. 내일 보리타작 마당에 일꾼들을 대접해야 하기 때문이다. 일꾼들에게 일당도 넉넉히 주고 인심도 베푼다.

자기 논밭, 대여섯 마지기 부치는 자작농은, 자기들 보리타작은 언제 할지 모른다. 비 맞지 않게 잘 갈무리 해두었다가 부자집들 보리타작 해주고 나서야 한다. 그 이유는 부잣집 타작 거들어주고 일당도 받고 배불리 얻어먹기도 하기 때문이다. 그뿐이랴 안식구들도 부엌에 가서 일을 해주면 아이들까지 다 따라가서 몇 날을 그렇게 밥그릇 농사도 짓는다. 옛말에 아무리 인심이 좋아도 가난한 사람의 덕은 볼 수 없고 아무리 인색해도 부자 덕은 본다고 했다.

타작이 끝나고 어둠이 내리면 남폿불을 처마 끝에 높이 달고 오늘 타작한 보리를 여러 사람이 둘러선 자리에서 섬가마니가 아닌 짚으로 대충 만든 것인데 한 섬에는 두 가마니가 들어간다에 담는다. 말로 퍼서 섬에 담으면서 일꾼들은 소리높이 외친다. 한 섬이요, 두 섬이요, 석 섬이요, 넉 섬이요, 다섯 섬이요. 숫자가 오고 갈 때 마다 고함소리는 더 커지고 비록 내 것은 아니지마는 신명이 절로 난다. 저녁삼아 밤참을 배불리 먹고 그 날의 하루를 마감한다. 그렇게 보리타작, 밀 타작이 끝나고 나면 올 벼 모내기는 진작 끝이 났지만 늦 모심기에 또 한번 바쁘다. 자기의 몇 마지기 농사는 틈틈이 정말 품앗이로 부지런을 떨어가면서 짓는다.

늦모심기는 밤송이가 조그맣게 달릴 때까지는 과히 늦지 않다고 한다. 농촌에서는 보리타작 그리고 모내기가 끝이 나면 한결 마음만은 편하다. 모내기가 끝나면 올해 농사 반은 다 지었다고 할 만큼 어려운 고비를 넘긴 셈이다. 그래도 할 일은 날마다 태산이다. 논 매기는 세 번은 해야하고, 밭농사는 매고 돌아서면 또 매야 하고, 그 뿐인가 여자들은 길쌈하기 등등 참으로 할 일도 많다.

오월 단오가 돌아오면 가묘가 있는 집에서는 단오 차례를 올린다. 시절도 바쁘고 날씨도 더우니, 번거롭지 않게 간단히 앵두만 진열할 수 없으니, 예쁘게 빚은 송편과 건어물 그리고 술이면 된다. 새 사위가 늦은 세배라도처갓집 세배는 앵두가지 꺾어 온다고 했다 오면 앵두와 송편을 대접한다. 쌀이 귀한 철이라 보통 쑥떡을 많이 해서 먹고 햇보리 개떡도 해서 먹는다. 춘궁기를 지나면서 배고팠던 생각을 하면 보리밥도 감지덕지 하지만 그래도 사월 초파일 마을 잔치 때 먹던 쌀밥과 고깃국 생각이 간절하다.

오월 단오가 돌아오기 며칠 전부터 대청마루에서는 때 아닌 바느질이 한창이다. 가족들과 일꾼들의 여름 의복을 만들기 위해서, 부엌에서 일하는 사람들을 제외하고는 어머니, 며느리, 딸들이 합심하여 바느질을 한다. 바느질감이 많을 때는 남의 손도 빌리면서 단옷날 입기 위해서 며칠을 여자들은 바느질을 한다. 특히 머슴들을 위하여 또 부엌에서 일하는 사람들을 위하여 단옷날 입을 옷을 마련해야 한다. 재봉틀이라도 있으면 한결 수월하다. 한 마을에서도 재봉틀이 있는 집은 몇 집 안 된다. 대개 손으로 한 땀 한 땀 정성을 다해서 만든다.

우선 할아버지, 할머니께서 입으실 것은 세모시로 만든다. 작년 재작년에 입으시던 것이 있지마는 해마다 새 것으로 해드려야 하기 때문에 올해에도 만들어 드린다. 아버지, 어머니께서 입으실 것은 세모시는 아니지만 그래도 발이 고운 모시로 장만하고 아들, 며느리, 딸들 그렇게 차례대로 장만한다. 부엌에서 일하는 여자들, 심부름하는 여자 아이들 정말 식구도 많다.

머슴들은 삼베로 여름옷을 만들어준다. 삼베라고 다 똑같은 것이 아니다. 내가 알기로는 넉세에서 아홉세까지 있다. 넉세가 제일 하품이고 아홉세가 최상품이다. 질긴 면에서는 비슷하지만 상품은 올이 고르고 얇고 바닥이 좋다. 머슴들 옷을 잘 해주는 집에서는 엿세쯤으로 해준다. 자기 집에서 식구들이 입는 것은 형편 따라 해 입는다. 가난한 집에서는 여자들 옷도 넉세로 해서 입는다. 인심 좋은 집은 머슴들 옷을 꼭 한 벌이 아니고 두 벌 해주는 집도 있다. 큰 머슴, 중간 머슴, 꼴머슴, 그리고 드난꾼자기 집에서 자고 일하러만 오는 사람 그렇게 며칠을 바느질해서 단옷날 입으라고 준다.

단옷날 아침상은 푸짐하다. 닭이라도 두 세 마리 잡으면 머슴들 대접은 최상이다. 단옷날은 머슴들 명절이다. 주인집에서 해주는 새 옷에 용돈, 담배, 그리고 그 날은 점심 먹으러 오지도 않고 자기들끼리 잘 논다. 오늘 하루를 위해서 봄 한 철을 그렇게 수고하고 땀 흘렸다. 단옷날은 그네를 뛴다. 특히 어린 계집아이들이 뛴다. 여름 한 철 모기 물리지 말라고 모기를 쫓는 뜻에서 몇 번 그넷줄을 흔들면서 가볍게 뛴다. 어린 애기도 엄마들이 데리고 나와서 같이 그네에 앉아서 흔들어 준다. 중간 머슴들은 고운 삼베옷을 친구에게 뽐내면서 "야 너도 상머슴은 아니래도 나처럼 중간 머슴은 되어라. 그래야지 부잣집에 들어가지" 하면서 놀린다. 놀림을 당한 꼴머슴들은 부아도 나고 부럽기도 하다. 자기 농사짓는 사람들이야 놀고 있을 수도 없다. 새옷은 커녕 작년에 입었던 땀에 절어서 후줄근한 헌 옷을 입고 오늘도 땡볕에서 일을 한다.

해방직후 이런 노래도 있었다. 제목은 농군農軍의 노래다.

"농토산이농투사니 가는 모습 모질기도 모질다. 황소 굴레 풍경 소리

자고 깨는 농부야"

농가에서는 소 한 마리 있으면 재산 목록 1호이다. 그 소가 사람의 열 몫을 한다. 농번기 한 철 소 한 마리를 하루 빌려주면 열 사람의 일꾼을 데리고 온다고 했다. 그래서 옛날부터 소 한 마리가 장정 열 몫을 한다고 했다. 그렇게 오월 한 달은 모심기, 논매기, 밭매기. 여자들은 삼 삼기, 일꾼들 뒷바라지 하랴, 무더운 삼복더위에 힘들고 괴롭다. 낮은 길고 밤이면 모기 등쌀에 편히 잘 수도 없다. 밤낮이 없이 바쁘고 힘들다. 그래서 세월이 괴롭고 너무 더디 간다 해서 깐깐오월이라 한다.

스물일곱 번째 이야기

힘들지만 잘 해야지

오월 그 다음은 미끈유월이라 했던가. 오월달의 모심기가 지나가고 초벌 논매기도 끝났다. 조금은 농촌에서는 한가하다. 여자들은 삼삼기에 밤낮이 없고 밤에는 넓은 마당에 모깃불을 피워 놓고 둘레 삼 짜느라고 짧은 밤을 하얗게 새운다. 틈틈이 논매고 밭을 매면서 음력 유월 보름이 다가 온다. 그 날은 유두流頭라 해서 일꾼들은 하루를 논다. 창포에 머리 감아 빗고 여자들도 논다. 그러나 말만 그렇지 별로 놀지도 않는다. 쌀이 귀한 철이라 보리와 밀가루 음식이다. 쑥떡도 싸라기라도 있어야 해서 먹지, 햇밀가루로 밀전병을 부치고 농주 한 사발에 그저 모여서, 시절이 좋아서 풍년 들기만을 고대한다.

유월 유두 날은 호박잎이나 토란 잎에다가 밀전병이나 부잣집에서는 송편도 빚고 쑥떡도 한다 송편, 쑥떡을, 손끝도 야무지게 부엌어멈이 싸서 주는 것을, 자기들 논 귀퉁이에 갖다 놓는다. 밭고랑에는 갖다 놓지 않는다. 파랗게 크는 모는 일꾼들이 힘써서 가꾸는 보람도 있어 제법 많이 자랐다. 일꾼들이 엎드려서 논을 매면 눈을 찌를 만큼 키도 크다.

유월 선보름이 지나고 나면 일꾼들은 풀베기에 한창 바쁘다. 산에는 풀이 무성하다. 머슴들은 일꾼을 대여섯 명 모으고 날마다 산으로 풀을 베러 간다. 한나절이 되면 산더미 같은 풀짐을 지고 일꾼들이 들이닥치면 푸짐한 점심상이 기다린다. 베어 가지고 온 풀은 구석진 곳에 산더미 같이 쌓인다. 이른 아침 시원할 때 머슴들은 둘이서상머슴, 중간머슴 산더미 같이 쌓아 올린 거름더미를 쇠스랑으로 찍어서 위의 것이 밑으로 가게 다시 한 번 뒤적인다. 푹 썩은 풀은 김이 무럭무럭 나고 냄새도 고약하지 않다. 땀을 흘리면서 퇴비를 일주일 또는 열흘마다 뒤집어서 잘 썩혀서, 그 해 가을보리를 파종하기 전에 밭거름으로 넣으면 내년 봄에 보리농사 밀농사는 아마도 풍년이 들 것이다. 무럭무럭 자라는 벼는 초복에 한 마디 자라고벼 포기를 살펴보면 마디가 세 개다 중복이 지나면 두 마디, 말복이 지나면 세 마디가 다 자란다. 벼가 세 마디가 다 자라면 농촌에서는 나락벼이 환갑이 되었다고 한다. 말복이 지나고 한 달 있으면 벼가 팬다. 담배 농사를 하는 집은 더욱 바쁘다.

미끈유월이 그렇게 미끄럽게 조금은 수월하게 지나고 나면, 어느듯 조석으로 제법 서늘한 음력 칠월이다. 음력 칠월은 어정칠월이라 해서 밭곡식도 자주 돌 봐야 하고, 또 여러 가지 들일이 이 손 저 손을 기다린다. 마음은 바쁘고 일손은 딸리고 여기서 어정, 저기 가서 어정 똑 부러지게 일을 마무리를 못하면서 그래도 돌봐야 할 일이 너무 많다. 어정거리다가 칠월이 다 간다.

칠월 칠석은 견우직녀가 일 년에 한 번 만나는 날이다. 그 애달픈 사연에 처녀들은 가슴을 태우고 새댁들은 한숨 짓는다. 견우직녀의 서러운 눈물이라 해서 꼭 비가 온다고 했다. 비는 아니 와도 빗방울이라도 꼭 듣는다. 칠석놀이도 있어서 처녀들은 친구들과 아름다운 골짜기에서 하루해를 즐겁게 놀면서 칠석 날의 추억을 평생을 두고 잊지 못한다.

어정칠월도 중순으로 접어들면서 칠월 보름달이 푸른 들판을 비추면 마을은 술렁인다. 백중날은 백가지 나물을 먹는다 했다. 칠월 보름쯤 되면 엇가리로 갈아서 자란 열무가 한참 풍성하다. 텃밭에 심은 가지, 호박, 풋고추 등등, 초여름에 귀했던 푸성귀가 지금은 넘쳐나서 그야말로 백가지 나물이 다채롭다. 농번기이지만 그래도 조금은 한가해서 머슴들과 일꾼들은 적당히 쉬어가면서 일을 한다. 백중날 하루는 별도로 행사는 없지만 밀국수라도 머슴과 일꾼들에게 대접한다. 잘 익은 열무김치는 한결 입맛을 돋운다.

칠월 칠석도 지나고 백중이 다가오면 산촌에는 벌써 흐르는 실개천에도 변화가 온다. 아침 일찍 실개천에 세수라도 하러 가면 개천에는 김이 무럭무럭 나고 주위에는 물안개가 피어오른다. 그래서 옛날 사람들은 칠월에는 손톱 발톱이 모두 밥을 먹는다고 했다. 얼마나 식욕이 왕성하면 그런 말이 다 생겼을까. 보리밥, 열무김치, 맛있는 된장찌개를 넣고 큰 양푼 가득히 비벼서 여러 사람이 둘러앉아서 먹으면 게 눈 감추듯 한다. 할 일도 끝이 없지만 먹새도 대단해서 부엌에서는 돌아서면 또 밥하고 돌아서면 또 식사 준비를 해야 한다. 농촌에서는 쉬는 날이 없다.

하늘은 차차 높아지고 들판은 수확의 계절을 향해서 한결 푸르고 풍성하다. 부지런한 농부가 심은 참깨는 한 줄로 쪼르르 푸른 종을 달듯이 꽃을 피운다. 가을을 제일 먼저 알리는 가을꽃이다. 춘삼월에 결혼식을 올리고 가을걷이가 끝나면 신행길을 떠나야 하는 새색시는 정든 고향과 부모 형제를 이별할 생각을 하면서 가을을 알리는 참깨꽃을 보고도 눈물짓는다. 옛날부터 참깨꽃이 피면 신행 전 새색시가 운다고 했다.

비단 참깨 꽃뿐이랴. 넓은 들판에는 벼가 패서 푸른 잎 사이로 하늘거리는 벼 포기는 보기만 해도 배가 부르다. 추석이 다가올 무렵이면 올벼도 영글고 오곡백과가 풍성하리라. 골 깊은 기와지붕은 그저 당당한 기와지붕일 뿐이지 가난한 사람들에게는 아무런 도움도 주지 못한다. 두루뭉술한 초가지붕은 호박이랑 박이랑 울타리에 씨만 뿌려 놓으면 그 넝쿨이 힘차게 뻗어 올라서 푹신한 초가지붕에 자리 잡고 하루가 다르게 큰다.

칠월 하순, 팔월에는 초가지붕마다 둥근 박과 붉은 호박이 집집마다 지붕 가득히 제자리를 차지하고 앉았다. 꽃은 또 얼마나 예쁜가. 따가운 한낮에 호박꽃은 초가집에 가득히 노랗게 피면 푸른 호박잎과 참 잘 어울린다. 호박은 화려하진 않지만 호박꽃은 화려하다. 해가 서산에 지면 호박꽃은 슬그머니 꽃잎을 닫고 초가지붕을 박꽃에게

양보한다. 하얀 박꽃은 청초하기가 말로 다 할 수 없다. 달빛이라도 밝은 밤이면 박꽃은 더욱 고결해져서 그 청초함이 누구의 손길도 거부한다. 나는 그런 박꽃이 참 신기할 만큼 아름답다. 한낮의 호박꽃은 누구라도 보지만 한밤의 박꽃은 아무나 볼 수 없다. 다정다감한 사람만이 볼 수 있다.

초가 지붕위에 탐스럽게 익어가는 호박과 박은 가을의 풍요로움을 상징하는 데 한 몫을 톡톡히 한다. 음력 팔월은 수확의 기쁨이 성큼 다가온다. 들판의 곡식들은 하루가 다르게 익어가고 참깨는 수확이 한창이다. 추석은 다가오고 거둬들일 곡식은 농부들의 몸과 마음을 더욱 바쁘게 한다.

팔월은 둥둥 팔월이라 했다. 몸도 기쁘고 마음도 기쁘다. 수확의 기쁨이 배가 되니 마음도 두둥실 공중에 뜬다. 둥둥 팔월의 진가는 수확의 기쁨에 있다.

스물여덟 번째 이야기

가을과 겨울사이

봄의 춘궁기를 힘겹게 넘기고 또 그 무더운 여름을 허리 한 번 펴지 못하고 농사일에 땀 흘린 것이 얼마나 고되고 힘들었는지 농사를 지어보지 않은 사람은 모른다. 먹는 것이라야 보리밥에 열무김치가 고작이고 돈 들여서 고기 한 근 마음 놓고 먹지 못 했다. 더구나 남의 논 서너 마지기 부치는 소작농들은 어린 자식들을 초등학교에 보내는 것도 힘에 부쳐서 딸자식들은 아예 보내지도 않는다. 그런 부모 마음이 오죽하랴. 그 뿐인가. 연로하신 부모님들이 잔병치레를 거듭하고 근력이 한 해가 다르게 쇠약해도 약 한 첩 해드리지 못하는 안타깝고 죄송한 생활이다.

팔월 한가위에 풍성한 음식과 밝은 달은 농사짓느라고 수고한 농부들에게는 큰 기쁨이요, 가을걷이를 하기 위해서 잘 먹어 둬야 하기 때문에 잠시 이삼일 쉬면서 재충전을 하는 것일 것이다. 그래도 시절이 빠른 계절에는 오곡백과가 다 익지 않을 때도 있다. 다른 지방은 잘 몰라도 경북 북부지방에서는 추석 차례를 음력 구월 구일 중양절에 지내는 풍습이 있다. 그때야 말로 정말 오곡백과가 풍성하다. 비록 달은 보름달이 아니지만 나름대로 뜻은 있는 것 같다.

구월은 모심기를 할 때만큼이나 바쁘다. 한낮에 볕은 따가워도 새벽에는 무서리가 내리고 들에는 청초한 들국화와 코스모스가 높고 푸른 가을 하늘 만큼이나 가을을 노래한다. 냇가의 물레방아는 아침 일찍부터 방아를 찧는다. 보기만 해도 맛이 있고 찰진 햅쌀이 수북이 쌓이면 농부들의 가슴에는 희열이 넘치고 한 톨이라도 아까워서 몽땅 빗자루로 알뜰히도 쓸어 담는다. 먹다 떨어지는 한이 있어도 아침상에는 어른, 아이 할 것 없이 하얀 쌀밥이 그릇마다 수북하고 사근사근 씹어 먹는 가을배추 김치는 열무김치 보다 훨씬 낫다. 가을은 천고마비의 계절이라 했던가. 아니, 사람이 먼저 살찐다. 수확의 기쁨으로 먼저 마음이 살찌고 넉넉해진다.

장터, 초등학교에 가을 운동회라도 열리면 인근 마을 전체가 그 날 하루에 운동회를 한다. 넓은 운동장에는 만국기가 푸른 하늘에 휘날리고 스피커에서 흘러나오는 힘찬 행진곡은 하늘 높이 울려 퍼져서 사람들의 마음을 동심으로 돌아가게 한다. 뒷동산마다 영근 밤나무는 알밤을 터뜨리고 긴 장대로 일꾼들이 밤나무 가지를 후려치면 윤이 반짝반짝 나는 붉은 밤이 우박같이 쏟아진다. 더러는 밤송이에 맞아서 아프고 따갑지만 그런 것은 문제가 안 된다. 밤을 주우려고 아이들이 몰려오면 밤나무 주인이 아무리 야단을 쳐도 막무가내다. 너무 등이 따가워서 웃옷을 벗어 보면 밤송이에 맞은 자리에는 밤 가시가 촘촘히 박혀 있다. 그래도 아이들은 주머니가 터지도록 주워 넣은 밤을 만져 보면서 좋아라 하는 웃음이 얼굴에 넘친다. 인심도 좋아서 밤나무 주인은 아이들에게 빨간 밤을 한 움큼씩 더 준다.

부지런한 머슴들은 미처 지지 못한 새벽달이라도, 그 밝은 때를 놓치지 않으려고 달 밝은 새벽에, 대여섯 명씩 짝을 지어서 벼를 베러 간다. 품앗이도 하고 살품도 팔고 그렇게 해서 가을의 짧은 해를 유익하게 한 눈 팔지 않고 일을 한다. 정말 순박하고 좋은 농촌 인심이다. 남의 집 일을 해도 자기 일처럼 꾀부리지 않고 잘 한다.

밤나무가 많은 집은 송이밤을 가마니 가득히 넣어서 열 가마니가 되고 스무 가마니가 되면 그것을 하나하나 깔 수 없어서 광 한 구석에 차곡차곡 쌓아 두었다가 가을걷이가 다 끝나고 마당 가득이 쏟아 놓으면 밤송이는 까맣게 썩고 신을 신은 채로 여러 사람이 지근지근 밟으면 밤알이 툭툭 튀어 나온다. 그렇게 밤 타작이 끝나면 단단한 밤과 조금 무른 것을 구별해서 뒷마당 구석에 묻는다. 설 안에 먹을 것 설 지난 뒤에 먹을 것을 따로따로 묻는다.

같은 밤이지만 맛은 다르다. 고소한 것도 있고 단 맛이 나는 것도 있고, 덤덤한 것도 있다. 애써 자기 손으로 가꾸고 장만한 농부들은 밤 한 톨을 먹어도 하늘에 감사하고 소중하게 보관한다. 낱알 한개 함부로 버리는 법이 없다. 그 한 톨을 얻기 위해 얼마나 땀 흘리고 애를 태웠는가 말이다. 비록 밤 한 톨 뿐이랴. 대지에서 생산되는 모든 것의 소중함은 농심만이 알 것이다.

싸늘하리만큼 높고 푸른 가을 하늘은 남색 물감이 뚝 떨어진 것 같다. 어쩌면 저렇게도 푸를까. 잎이 다 떨어진 감나무에는 빨갛다 못해 꽃 같은 감이 색깔도 선명하게 가을 하늘을 수놓는다. 쳐다보면 하늘 가득이 꽃처럼 피어있는 감은 또 한 번 농부들의 손길을 기다리고 있다. 나무를 잘 타는 농부는 망태가는 새끼나 노를 엮어서 만든 그릇와 장대를 들고 감나무에 올라간다. 끝이 두 갈래로 쪼개진 장대로 감을 한 개 한 개 조심스럽게 따서 망태 가득히 담는다. 감이 망태 가득이 담기면 두레박처럼 망태는 땅에 내려지고 빈 망태는 또 감나무에 올라간다. 감나무 밑에서는 아이들이나 여자들이 혹시 떨어질지도 모르는 감을 주워서 먹으려 기다린다. 찬 서리를 맞아가면서 익은 감은 떫지도 않고 맛이 좋다. 감나무가 많은 집은 감 따는 일도 큰 일이다. 굵고 좋은 것은 곶감으로 만들어 일 년을 두고 제사 지낼 때나 잔치 때 쓰고 제철에는 삭여서도 먹고 제풀에 무른 것은 홍시로 먹는다.

긴긴 겨울 밤, 밤이 이슥하도록 바느질을 하다가 감나무 가지 위에 얹어놓은 홍시를 오쟁이짚으로 만든 조그만 그릇에 담아서 꺼내 먹는 그 맛은 천하일품이다. 한 개만 먹으면 잠도 달아나고 입맛도 개운하다. 눈이라도 내리는 겨울밤이면 그 정경은 정말 한 폭의 그림이다. 밤늦게 아직 주무시지 않고 계시는 할머니, 할아버지께 뽀얀 엿가래와 같이 쟁반에 담아서 갔다드리면 참 좋아하시고 달게 잡수신다.

눈이 펑펑 내리는 겨울밤의 고즈넉하고 정겨운 풍경을 나는 잊을 수가 없다. 어떤 때는 짓궂은 오빠들이 긴긴 겨울밤을 모여서 놀다가 장난기가 동하고 배라도 출출하면 달 밝은 밤을 이용해서 감나무 위에 홍시도 따다 먹고 밤 구덩이도 파서 가지고 간다. 그러나 누구도 탓하지 않고 꾸중도 하지 않는다. 야단을 칠 수도 없다. 적당히 꺼내서 먹고, 네집 아이 우리집 아이 할 것 없이 장난을 하니 그냥 두고 본다. 그까짓 것 서리해서 먹었다고 더 가난해 지는 것도 아니고, 아이들의 한 때 장난이려니 하고 덮어둔다. 우리네 농촌 인심은 그렇게 후하고 정겨웠다.

그 옛날 깊은 산골에는 전기도 없고 라디오도 없다. 격일로 장터에서 가져다가 보는 신문 아닌 구문이 세상 돌아가는 이야기를 알게 해 줄 뿐이다. 봄, 여름처럼 밤이 짧을 때는 그래도 이웃 마을도 가고 놀기도 하지만 가을걷이가 끝나고 겨울이 깊어 가면 삼동三冬은 그야말로 적막강산이다. 추우니까 모두 집 안에만 있다. 그저 깜깜한 어둠일 뿐이다.

대문이나 사립문을 열고 들어가면 추석에 새로 바른 창호지에 환하고 따뜻한 불빛이 사람의 마음을 정이 넘치게 한다. 세상 돌아가는 것을 속속히 몰라도 그런대로 아무 말 없이 오순도순 등 따습게 잘 산다. 자식들 잘 키우고 장유유서를 마을의 질서로 잡는데 으뜸으로 치면서 마을 전체가 평화롭게 산다. 사람 사는 곳이라 다툼도 있고 말썽도 많지만 모든 일이 물 흐르듯 잘 해결되고 조석으로 대하는 얼굴들이 그저 반갑고 이웃 사랑이 각별하다. 색다른 음식이라도 장만하면 울타리 너머로 나누어 먹는다.

스물아홉 번째 이야기

옛날의 장마

공해로 인해서 지구가 대기 오염으로 몸살을 앓지 않는 옛날 좋은 시절, 사계절이 뚜렷한 우리나라는 봄이면 꽃피고 들에는 농부들의 손길이 바쁘다. 비단 가난으로 힘든 보리 고개는 있었지만 인심은 순후했다. 봄은 좋은 계절이지만 봄 가뭄도 심해서 패다 말라 버린 보리 이삭은 농부들의 가슴을 태운다.

그래도 하늘은 무심치 않아 봄 가뭄이 지나고 나면 비가 내려 농부들의 손길을 기다리는 벼농사가 시작된다. 가뭄에 목말라하던 순한 농부들은 고마운 비에 감사하면서 날비를 맞으며 덩실덩실 춤을 춘다.

부지깽이도 일어난다는 바쁘고 힘든 모심기에 농부들은 자기 몸을 돌보지 않고 열심히 한다. 지친 몸을 누이고 한 숨 자고 나면 그 다음날은 더 할일이 태산 같다. 모심기를 마치면 올해 농사는 반은 지었다고 한시름 놓고 아침저녁으로 푸르게 자라나는 벼 포기를 돌보느라고 자식 키우듯이 정성을 다한다.

그렇게 기다리던 고마운 비도 언제부터인가 장마로 변해서 푸른 들판은 비안개로 가물가물하고 맑고 맑던 도랑물과 냇물은 황토 빛으로 변해서 탁류가 굽이친다. 농부들은 삿갓과 도롱이로 무장하고 논과 밭에 물꼬 보기에 밤을 설친다. 가뭄에 물싸움도 옛날이야기고 이제는 자기 논의 물을 빼기에 잠시도 눈을 뗄 수가 없다. 그냥 두면 도랑이 터지고 논두렁이 허물어진다. 동네의 좁은 길은 장마에 돌담이 무너지고 길은 패여서 밤길 걸어가기도 힘이 든다.

집안 곳곳은 습기에 차서 눅눅하고 빨래를 해도 말릴 수가 없다. 자고 나면 이웃 마을에 산사태가 나고 냇물이 불어서 요새 말로 교통이 불통이다. 퀴퀴한 냄새에 진저리를 치고 하늘을 쳐다보고 하늘이 구멍이 났나 하면서 농담 아닌 농담을 한다. 마을 앞 냇물이 불어서 엉성한 다리는 탁류에 떠내려 간 지가 오래다. 아이들은 학교도 못 가고 물이 빠지면 장정들이 들어서 건네주곤 한다. 하굣길에는 여러 아이들이 냇가 한 자리에 모여 있으면 해질녘에 가서 업어온다. 아이들은 따듯하고 든든한 아저씨들이 한없이 좋다. 물에 빠진 생쥐 꼴이 되어서 기다리는 동안 배는 오죽 고파지겠는가.

1940년대에 자란 농촌 어린이들은 정말 고생 많이 하고 자랐다. 그래도 부모님 잘 모시고 반듯하게 사람 노릇하면서 1950-1960년대를 배운 것은 많이 없어도 나라의 일꾼으로 그 몫을 단단히 했다. 출세한 사람만이 나라의 동량인가. 삼각형의 꼭지점을 만들어 내기 위해서는 밑변이 아래에 놓여야 한다는 것을 우리는 잊어서는 안 된다.

장마가 거치고 푸른 하늘에 뭉게구름이 뭉실 뭉실 피어오르면 사람들은 허물어진 담장 고치랴 골목길 손질하랴 농사일에 바쁜 중에 더 바쁘다. 비에 씻겨 내린 대기는 맑고 투명하다. 투명하다 못해서 눈이 부시다. 장마 뒤에 내리 쪼이는 새 볕은 상쾌하지만 더욱 뜨겁게 대지를 태운다.

작렬하는 햇볕 아래 벼는 하루가 다르게 자라고 가을의 추수를 향하여 농부들은 가슴 졸이던 가뭄도 장마도 순리로 받아들이면서 묵묵히 그저 감사한 마음으로 살아간다. 여름 장마가 아니면 농사는 지을 수 없다. 도랑이 넘치고 냇물이 굽이 치고 다리가 떠내려가고 그렇게 장맛비가 쏟아져야 풍년이 든다고 했다.

서른 번째 이야기

감자 삼곶의 맛

여름방학이 되면 나는 예외 없이 고향으로 내려갔다. 아득한 옛날이라 지금 생각하면 한 편의 흑백영화의 장면 같다. 서울에서 아침 여섯시에 출발하는 기차를 타면 점심때가 되어야 목적지에_{김천} 도착한다. 지금이야 급행열차도 더디 간다고 고속 철도가 놓이고 서울에서 부산까지 두 시간 반이면 간다고 한다. 정말 격세지감을 느낀다.

그러나 그 시절에는 완행열차도 감지덕지한 세상이다. 시골 사람이야 평생을 가도 기차 한 번 타보지 못하고 산다. 그렇게 느리게 달리는 기차도 창밖을 내다보면 하늘도 휘휘 지나가고 넓은 들판도 구경할 새도 없이 캄캄한 굴속으로 들어간다. 퀴퀴한 석탄 냄새에 황급히 열차 창문을 닫아보지만 소용없다. 굴속을 빠져나온 기차는 꽥 소리를 지르면서 일사불란하게 달린다. 지금처럼 차안에 에어컨도 선풍기도 없다. 활짝 열어 젖힌 창문으로 시원한 들바람이 사람의 속까지 시원하게 한다. 그야말로 자연 바람이다.

철로 가까이서 일하던 농부는 무엇이 반가운지 두 손을 높이 들고 소리를 지른다. 기차안의 사람들은, 특히 아이들은 기차를 타고 가는 것만으로도 우쭐해서 너그러운 미소로 손을 흔들면서 혼자 기뻐한다. 철교를 건널 때는 기차의 진동소리는 더욱 요란하고 푸른 강물이 무섭기도 하고 경치가 좋기도 하다.

그렇게 긴 여행을 마치고 고향에 돌아오면 해마다 보는 낯익은 얼굴들이 나를 반긴다. 문중의 언니들, 일가친척들, 그리고 오빠, 아저씨들. 다음날 가까운 친척집을 몇 집 돌면서 인사를 드리면 된다. 나는 틈틈이 놀러 다닌다. 언니들과 친구들과 산골짜기 시원한 그늘에서 칠석 놀이도 하고, 모여서 햇감자를 삶아 먹기도 한다. 찌는 더위에도 농사일에 바쁘다. 놀고 먹는 사람은 우리 몇밖에 없는 것 같다. 어쩌다 길에서 새참 바구니를 이고 가는 언니를 만나면 너는 참 좋겠다 하면서 나를 부러워한다. 그렇게 웃어 주던 그 언니는 지금은 어디에 살고 있는지. 만나보고 싶다.

날씨가 쾌청한 날을 골라서 우리 몇몇은 약속한 냇가에 모이면 늘어진 버드나무 아래에 가지고 온 것들을 망태에서 꺼낸다. 다름 아닌 감자다. 우리 여자뿐이 아니고 언제나 같이 모이는 오빠들, 아저씨들 그리고 방학에 돌아온 외지에서 공부하던 학생 오빠들이다. 합하면 열 명은 쉬이 넘는다.

나는 할 줄 모르니까 구경만 하고 여자들은 거드는 척만 한다. 오빠들은 큼직큼직한 돌을 주워 모으고 또 진흙을 삽으로 떠다가 물에 반죽을 한다. 네모로 반듯하게 둑을 쌓으면서 가로, 세로 1미터쯤 되게 쌓아 올린다. 그렇게 사각형으로 만든다. 밑바닥에는 양동이에 물을 가득히 붓고 쌓은 자갈 위에 양동이를 얹는다. 큼직한 돌 두 개를 양동이 위에 얹고 그 위에 또 돌을 한 소쿠리 붓고 마지막에 찰흙으로 사방을 바르면 여자들이 양동이 밑에 파놓은 구덩이에 감자를 넣고 불을 때면 된다.

한 시간도 안 되는 작업이지만 모두의 얼굴에는 구슬땀이 흐르고 삼베 적삼은 흠뻑 젖는다. 이윽고, 맨 위의 찰흙이 쭉쭉 갈라지고 마르면 그 틈새로 하얀 김이 무럭무럭 나면 감자는 다 익은 것이다. 아궁이에 불을 끄고 한참 있으면 오빠들이 삽으로 진흙을 살살 걷어내면 돌 위에 감자들이 껍질 채 익어서 김이 무럭무럭 난다. 자주감자, 흰 감자, 분홍 감자. 보기만 해도 푸짐하다. 뜨거우니까 오빠들이 삽으로 하나 둘 주어내면 어느새 언니들이 준비해 온 겉절이로 우리들은 버드나무 아래서 시원한 바람을 쏘이며 감자 파티를 벌인다.

골짜기가 아닌 냇가에서의 감자 파티는 지금 생각해도 근사하다. 얼마나 많이 삶았으면 먹고도 남아서 모여든 동네 꼬마들에게도 나누어 준다. 나는 땀 흘리고 일하는 오빠, 언니들이 미안해서 한 마디 한다.

"집에서 삶아 먹으면 편할 텐데 왜 이렇게 고생을 해요."

"얘야 그런 소리 말아라. 집에서 먹는 감자 맛이 이만 하냐. 오늘은 누이들이 곁에 있어서 더욱 맛이 좋다."

오빠들은 그렇게 말하면서 파안대소 한다. 오뉴월 뙤약볕에 늘어진 버드나무 그늘에서 맑은 냇물에 발 담그고 먹던 삼곶 감자 맛을 나는 잊지 못한다. 옛말에 이르기를 이렇게 해서 먹는 것을 감자 삼곶이라 했다. 얘들아 아무날 감자 삼곶 하러 가자. 그렇게 해서 농촌의 따분한 하루를 돈 안 들이고 청년들은 즐겁게 보냈다.

삼곶 : 삼베를 만들기 위해서 삼을 논에서 베어 오면 억센 껍질을 벗기기 위해서 삼곶을 만들어 밤새 불을 때서 삶아 가지고 껍질을 벗겼다. 그 장비가 삼곶이다.

서른한 번째 이야기

고향 사과

높고 푸른 가을하늘을 쳐다보노라면 금방이라도 푸른 물방울이 방울방울 떨어질 것만 같다. 사람의 마음들이 저렇듯 맑고 푸르면 참 좋겠다.

가을을 사색의 계절이라 했던가. 달 밝은 밤이면, 더욱 고향이 그립다. 그것은 어쩌면 나이와는 상관없이 사람의 마음을 즐겁게도 하고 슬프게도 한다. 지나온 세월이 길면 더욱 그러할 것이다.

아련하게 떠오르는 고향 생각은, 풍요로운 가을 들판의 배부름보다는, 만났다가 헤어진 그 많은 사람들과의 아쉬움이 더 강하게 다가오도록 한다. 그래서 옛 고향생각은 때로는 가슴을 아프게 한다. 언제 어디서 다시 만나보리. 생각할수록 허망하다.

이른 새벽부터 탈곡기 소리에 잠이 깨면 가을의 하루가 시작된다. 곱게 붉은 옷으로 갈아입은 뒷동산의 단풍은 푸른 하늘아래 더욱 눈부시다. 떠오르는 고향 생각을 하면 천 가지 만 가지도 더 된다.

문득 고향 냄새가 맡고 싶어 과일을 사러갔다. 때깔도 고운 사과, 배, 밤 기타 등등 산더미 같이 쌓여있다. 그 중에서 나는 '거창 사과'라는 팻말이 붙어있는 곳으로 갔다. 크지는 않지만, 진한 자주색의 윤이 반짝반짝 나게 곱다. 곁에는 크고 좋은 사과가 상자마다 그득하다. 나는 거창 사과를 한 알 손에 쥐고 눈을 감고 냄새를 맡아본다. 입가에 절로 미소가 번진다. 새콤달콤한 냄새가 코끝에 감돈다. 정말 좋은 냄새다.

그래, 고향냄새는 이랬지. 어린 시절, 처녀시절 이런 향기 속에서 좋은 세월 가는 줄도 모르고 즐거웠었지. 누구나 다 그리워하는 고향이지만 오늘 나는 유별나게 내가 자란 고향 산천이 그립다.

서른두 번째 이야기

동지팥죽

이른 새벽에 큰 사랑 샌님의 단잠을 깨우는 탈곡기 소리는, 늦가을 찬 바람을 가르며 마을이 떠나갈 듯 요란하지만 황금빛 낱알이 타작마당에 산더미같이 쌓이면 농부들의 가슴에는 수확의 기쁨이 가득하다. 저마다의 얼굴에는 땡볕에서 수고하던 괴로움은 봄 눈 녹듯 사라지고 감사의 마음으로 충만하다. 오곡백과가 풍성한 가을이 깊으면 봄에 신행길을 떠난 새색시는 첫 시집을 살고, 꿈에도 잊지 못할 친정에 첫 근친을 온다. 첫 시집살이는 개도 산다고도 하지만, 어렵기만한 시집살이는 고되고 힘들었다. 친정에 온 새색시는 석 달 열흘 잔다고 했던가. 시집살이의 고단함을 말함이리라. 옛날이야기다. 세상이 많이 변했다.

시월상달 길일을 택해서 안택고사가 끝나면 분주했던 가을도 끝나고 마당 귀퉁이 양지바른 곳에서 해바라기를 하던 서리병아리들은 초겨울의 차가운 바람에 놀라 어미 품에 꼭꼭 숨는다.

이렇게 풍요롭고 좋은 계절이 다 지나가면, 한 겨울 추위가 매섭게 다가온다. 형 대한이 동생 소한의 집에 가서 얼어 죽는다는 소한, 대한이 지나고 소설, 대설의 강추위가 칼바람을 앞세우고 몰아친다.

한해를 마감하는 동지가 코앞이다. 지금이야 먹고 싶으면 팥죽을 쑤어서 먹고 먹기 싫으면 그만이지만, 그 옛날 행사깨나 하는 법도 있는 문중에서는 동지 차례를 조상님께 올린다. 찹쌀로 새알을 빚어 동지 전날 저녁에 끓인다. 이튿날 아침 일찍 일어나 동지 차례 준비에 부산하다. 동짓날 아침에 큰사랑, 마루, 가묘 앞에 팥죽을 진설하고 향 피우고 사배하고 설, 추석과 똑같이 차례를 올린다.

동지는 일 년 중에 해가 가장 짧고 밤이 제일 긴 날이다. 설 못지않게 명절로 간주한다. 새알은 자기 나이대로 먹으면 된단다. 차례가 끝나면 가까운 집안이나 이웃에게 팥죽을 가져다준다. 또 그쪽에서 가져오기도 한다. 달고 맛있는 팥죽을 시원한 동치미하고 먹으면 그 맛이 천하제일이다. 동지 팥죽은 계절음식이지만 한 해를 마감하고 새해를 맞이하는 절차다. 한 해를 잘 보냈다고 조상님 음덕에 감사하고 새해를 맞이하는 마음의 준비를 하는 것이다. 동지 팥죽 먹었으니 한 살 더 먹었구나. 이제는 어린 양 하지 말고 나이 값을 해라. 할머니나 어른들은 철없는 아이들에게 이렇게 타이른다. 가마솥 가득히 팥죽을 끓여서 이웃과 나누어먹던 옛날의 동지 풍속을 떠올려 본다.

서른세 번째 이야기

이야기꾼

지금은 노래를 잘 하는 사람을 가수라고 한다. 옛날에는 노래를 잘 하면 소리꾼이다. 사람을 웃기는 이야기를 잘 하면 개그맨, 옛날에는 만담가라 했다. 그러면 이야기를 잘 하는 사람은 당연히 이야기꾼이다.

웃기는 이야기, 슬픈 이야기, 재미나는 이야기, 무서운 이야기, 이런 이야기들을 듣는 사람이 넋을 잃을 정도로 잘 하는 사람을 소위 이야기꾼이라고 한다. 그렇다고 돈을 주고받는 장사꾼은 더욱 아니다. 이야기꾼 오빠가 우리 고향에 계셨다. 먼 옛날 동행들과 모여앉아서 밤이 깊은 줄도 모르고 놀던 우리는 놀이가 파장이 되면 일주일에 한두 번 꼭 가는 데가 있다.

항렬은 같지만, 아버지뻘 되는 연세가 지긋하신 오빠가 계시는 사랑이다. 그 시절에는 남자 분은 부인이 있는 안방에 있는 것이 아니라 사랑채에 있는 자기 방에서 지낸다. 우리 칠팔 명은 윗담에 계시는 이 오빠를 찾아간다. 한학을 하시고 신식공부도 많이 하신 오빠의 사랑방은 문방사우를 갖춘 정갈하고 품위 있는 선비 특유의 그런 방이다. 보료 위 안석에 기대 앉아 우리를 반갑게 맞이한다.

밤이 깊어 가는데 너희들 웬일이냐고 물어보신다. 우리가 여기 온 것을 뻔히 아시면서 환한 미소를 얼굴 가득히 띠우고 물으신다. 덜렁대는 언니는 오늘따라 한껏 얌전해져서 지금 오빠가 읽고 계시는 그 책 이야기를 해달라고 하면서 한 무릎 다가와 앉는다.

"그래, 이 책은 너희들에게는 어려운 책이고, 다른 재미있는 이야기를 하자."고 하신다. 책상 위 앉은뱅이 시계는 11시를 가리키고 있었다. 오빠께서는 회중시계를 꺼내 보시고 옆방에 있는 상노아이를 부르시고 안채에 기별을 하신다.

"얘들아, 배도 고프고 하니 무엇을 좀 먹자."

얼마 후, 밤참상이 나왔다. 그 집 안주인인 올케언니가 부엌아이에게 상을 들여서 나왔다.

"아이구, 시누이님들. 오기는 잘 오셨소마는 밤도 깊은데 잠은 언제 잘라오."

우선 밤참을 먹으란다. 배도 고픈지라 우리는 염치 불구하고 맛있게 먹었다.

밤이 깊어가는 줄도 모르고 우리는 흥미진진한 이야기에 심취했다. 단순히 호랑이 담배 피우던 소박한 이야기에서부터 대동강 물을 세 번 팔아먹은 봉이 김선달, 정수동의 사기행각, 장화홍련전, 심청전은 재탕 삼탕이지만 감수성이 예민한 우리들은 오빠의 이야기 솜씨에 울고 웃었다. 홍길동전에서는 홍길동의 영민함에 감탄하고, 구운몽에서는 그 내용의 웅장하고 방대함에 내일 밤을 기약했다.

신식 이야기도 잘 해주신다. 심순애와 이수일의 빗나간 사랑이야기, 심훈의 상록수 등 이루 헤아릴 수 없이 많은 이야기를 들었다. 역사 이야기는 또 얼마나 많이 들었는지, 그 당시의 시골사람들이 모르는 역사의 잔혹함과 여인들의 대궐 안에서의 암투. 나는 하나도 빼놓지 않고 듣고, 후에 직접 책을 통해서 많이 읽고 배웠다. 특히 단종애사는 우리들을 비분에 떨게 하고 어린 단종을 위해서 울었다.

그 옛날, 이 이야기꾼 오빠에게서 들은 이야기는 헤아릴 수 없이 많다. 내게는 어느 역사 선생님보다 훌륭한 분이셨다. 어린 나의 손자, 손녀들이 내게 옛날이야기를 좀 해달라고 하면 나는 서슴치 않고 다 해준다. 그들의 마음에 조금이라도 양식이 될까 해서. 사지에서도 정신만 차리면 살아날 수 있는 지혜를 갖춘 소년이야기, 남을 도우라는 뜻에서 적선 이야기는 나도 많이 해주었다. 이 글을 쓰다 보니 내가 이야기꾼이 된 것 같다. 그러나 나는 이야기꾼이 아니다. 그 옛날의 우리를 감동시켰던 해박하고 유익한 그 오빠분이 정말 이야기꾼이다.

재미나는 이야기, 유식한 이야기, 마음의 양식이 되는 훌륭한 이야기를 들으면서 그 연세 많던 이야기꾼 오빠에게서 많은 것을 배웠다. 가물거리는 등잔불에 석유기름을 부어가면서 심지를 돋으면 듣던 그 옛날의 깊어만 가던 겨울밤이 어제 일만 같아서 긴긴 밤의 추억을 잊지 못한다. 이야기꾼이라고 하기에는 그 오빠께서는 너무나 훌륭한 분이셨다.

서른네 번째 이야기

소낙비

무더운 여름날 뭉게구름을 타고 갑자기 쏟아지는 소낙비는 천둥 번개와 광풍을 몰고 장대 같이 퍼붓는다. 인정사정없다. 소나기를 피해서 논길을 달리던 농부는 원두막에 미처 오기도 전에 물에 빠진 생쥐 꼴이 된다. 마을 앞을 흐르는 냇물은 황토 빛으로 굽이 치고 하굣길의 어린 학생들은 징검다리가 물에 잠기어 냇물을 건너지 못하고 오도카니 고무신짝을 양손에 들고 날비를 맞고 한곳에 모여서 있다.

그 옛날 농촌에는 우산이란 게 없다. 어쩌다 한두 개 있는 것은 어르신네 차지고 아이들은 그냥 비를 맞고 다닌다. 한 줄기 쏟아지던 소나기는 멈추고 거짓말 같이 푸른 하늘에는 햇빛이 빛나고 푸른 들판은 더욱 푸르고 싱그럽다. 냇가에 모여 있던 아이들도 원두막에서 비를 피하던 농부도 하늘을 쳐다보고 환성을 지른다. 소리 높이 외친다. 야! 무지개가 떴다. 그것도 쌍무지개가 떴다. 하늘에 떠 있는 쌍 무지개는 석양에 고운 빛을 받아 더욱 선명하고 아름답다. 빨주노초파남보 철없는 아이들은 그 고운 무지개를 타고 하늘 높이 날고 싶다. 여름의 소낙비 소리는 듣기만 해도 시원하고 좋다.

서른다섯 번째 이야기

가을비가 울던 날

이따금씩 생각난 듯이 훅 뿌리고 지나가는 가을비는 곱게 물든 단풍잎을 더욱 선명하게 아름답게 한다. 그 고운 잎이 밤새 내린 비로 빛을 잃을까봐 사람들의 마음을 안타깝게 하고 가을이 다가기 전에 어른들은 도시, 농촌 할 것 없이 할 일도 많고 바쁘다. 그러나 아이들은 그 가을이 마냥 즐겁다. 먹을거리도 풍부하고 학교마다 행사도 많다.

1940년대 초반쯤으로 생각한다. 고운 단풍잎이 떨어지기 전에 학교마다 소풍을 간다. 그때는 일제 강점기다. 소풍이란 말 대신 원족遠足이라 했다. 학교에서 출발해서 목적지까지 걸어서 간다. 우리학교 5학년 일동은 서울 근교 자하문 밖, 세검정으로 소풍을 갔다. 아름다운 숲이 있고 맑은 물이 흐른다. 넓은 들판에는 키 작은 능금나무가 앙증맞은 열매를 달고 우리들을 손짓한다.

자하문 밖 어디쯤에는 할미당 이라고 해서 크고 작은 집들이 모여 있는데 거기는 주로 무당들이 굿을 하는 곳이다. 지금은 상전벽해가 되어서 고급주택이 즐비하고 쭉 뻗은 도로는 이제는 세검정이라고 부르기에는 걸맞지 않다. 세검정으로 소풍을 가는 전날 하교 길에 반 친구들과 내일 날씨 걱정을 하면서 집에 돌아왔다.

지금은 소풍을 간다면 누구나 알록달록하게 꽃잎처럼 예쁜 김밥을 싸가지고 가지만 그 시절에는 그냥 맛있는 반찬에 도시락을 싸가지고 갔다. 예쁜 륙삭당시 배낭의 발음에 어머님께서 준비하신 사탕이랑 과일을 넣고 돈 30전을 얻어 가지고 가면 세상에 부러울 것이 없었다. 그래도 내일 날씨가 걱정이 되어서 잠자리에 들기 전에 하늘을 보니 잔뜩 흐려 있다. 걱정은 되지만 내일을 위해서 일찍 잠자리에 들었다.

얼마나 잤을까, 방문 여닫는 소리에 잠이 깬 나는 기절초풍을 할 만큼 놀랐다. 마루에 나가서 보니 가을비가 청승맞게 내리고 있었다. 그렇게 걱정을 했건만 기어이 비가 오다니 철없는 나는 그만 울음을 터뜨리고 주무시던 할머니께서도 마루로 나오셨다.

할머님께서도 나를 달래고 비설거지를 하던 부엌어멈도 나를 달랜다. 얘야, 가을비는 오다가 그친다. 자고 나면 내일은 날씨가 더욱 좋을 것이다. 어서 방에 들어가서 자거라. 그 한마디에 위안을 받고 나는 새로 잠이 들었다. 과연 아침에 일어나서 보니 가을 하늘은 드높고 청명하다. 어린 나를 울린 그 가을밤의 빗소리는 지금 생각해도 야속했다.

제4부

다정(多情)도 병(病)인 양하여

서른여섯 번째 이야기

조각보

살 같이 흐르는 세월은 아무도 잡지 못한다. 하루하루가 지루하고 더디 가도 달력은 한 장 한 장 잘도 넘어간다. 오늘이 초하루라 했는데 어느새 이 달도 다가서 달력 한 장이 또 넘어간다.

기쁘고 슬프고 좋기도 하고 싫기도 하고 억울하고 한스럽기도 하다. 수많은 사람들은 인생역경이 담긴 수많은 곡절을 만들어 가면서 살아간다. 희로애락은 생로병사와 동무하면서 평생을 동행을 한다. 무심한 세월 속에서도 어머니는 며느리도 맞아들이고 딸도 시집을 보냈다. 고운 모습도 바스러지고 머리는 한 올 두 올 아니 아주 많이 은백색이다.

열아홉 꽃다운 나이에 시집을 와서 층층시하에 시집살이도 많이 하고 마음고생도 많이 했다. 그러나 열두 굽이를 돌고 넘어서 이제 뒤돌아보니 저 아래 까마득한 골짜기에서 여기까지 힘들게 왔다. 그래도 보람 있고 자랑스러움도 있었다. 어머니는 자식들로 인해서 세상 부러울 게 없다. 최선을 다 했으니 후회도 없다. 가을걷이도 끝나고 창호지를 통해서 환하게 비치는 늦가을 햇살은 한결 따뜻하고 정겹다.

어머니는 장롱 속에서 예쁜 보따리 하나 들고 따뜻한 아랫목에 앉으신다. 윗목에 얌전하게 항상 제자리를 지키고 있는 재봉틀을 손수 들어다가 뚜껑을 열고 기름 치고 손질을 한다. 한평생을 한결같이 손때 묻은 재봉틀이다. 어머니는 재봉틀을 간절한 마음으로 어루만지신다. 네가 있기에 내가 얼마나 편했는지 모른다. 지난 세월 하루도 빠짐없이 나를 도와서 네가 수고를 많이 했지. 연만하신 어른들도 모두 타계하시고 어린 육남매도 네가 해주는 고운 옷을 입고 자라서 지금은 모두 제 짝을 찾아서 떠났단다. 이제는 너도 나와 같이 외로운 신세가 되었구나. 어머니는 넋두리처럼 푸념을 하시면서 다시 한 번 정다운 손길로 재봉틀을 쓰다듬어 보신다.

바지 고리를 준비하시고 보따리를 푸신다. 그 보따리 안에는 오색이 영농한 비단 조각들이 차곡차곡 들어있다. 비단 조각뿐이랴. 모시 조각 고운 삼베 조각 등등 많이도 모아 놓으셨다. 이리저리 헤쳐 보시다가 어머니는 그 중에서 새빨간 다홍비단 조각과 고운 연두색이 영롱하게 얼비치는 비단조각을 골라서 손바닥에 올려놓고 하염없이 바라보신다. 큰 딸이 초례청에서 선녀같이 아름답게 서 있던 모습이 눈에 선하다. 옥색 명주 조각은 아들이 장가 갈 때 입은 명주 바지저고리감이다. 그때 아들의 단아하고 의젓한 모습은 지금 생각해도 내 아들이 최고다.

어머니는 갈피갈피 뒤져가면서 비단 조각을 만질 때마다 옛날 추억에 시간 가는 줄 모르고 회상에 잠긴다. 얼마를 그렇게 시간이 흘렀을까. 곱고 예쁜 딸의 모습도, 헌헌장부가 된 출중한 아들의 모습도, 한평생의 기쁘고 슬펐던 일도 주마등 같이 빙빙 돌아가면서 어머니의 뇌리를 스치고 가슴을 뜨겁게 한다. 어머니는 오색이 영롱한 비단 조각을 그 좋은 솜씨로 재단을 하신다. 네모도 있고 세모도 있고 길고 짧고 가늘기도 하고 굵기도 하다. 돋보기를 쓰시고 다리미를 다려가면서 이리 저리 자르면서 재봉틀과 더불어 해동갑해가 넘어 갈 때 까지의 때을 하신다.

네모로 자른 것은 네모끼리, 세모로 자른 것은 세모끼리 거꾸로 맞추고, 큰 것은 큰 것대로 작은 것은 작은 조각대로 이리 맞추고 저리 맞춰서 그 넓이를 더해간다. 그런 작업을 하는 동안 어머니께서는 얼굴 가득이 미소가 떠오르고 눈빛은 빛난다. 푸른 비단 조각을 만질 때는 복건 쓰고 아장거리던 막내아들 돌잔치 생각에 기쁨의 웃음이 입가에 번진다. 가지각색의 색깔은 평생을 살아오면서 소중했던 순간들을 다시 한 번 떠오르게 하고 과거로 돌아가게 한다. 하얗고 누런 모시나 삼베 조각은 부모님들 생각에, 가신님들 생각에 눈물짓게 하고 아쉬움에 한숨짓는다.

어머니는 그렇게 쉬엄쉬엄 몇 날을 거쳐서 삶의 조각들을 새긴다. 세월의 무상함을 아름답고 고운 비단 조각보를 만들면서 수많은 세월들을 반추하신다. 고운 비단 조각은 형형색색으로 무지개처럼 현란하고 예쁘게 그리고 앙증맞게 어머니 손끝에서 태어난다. 아름다운 조각

보자기로 다시 태어난다.

요즘 세상에는 조각보가 전문가들의 손으로 만들어져서 예쁜 수예품으로 거듭나고 있다. 그러나 그 조각 보자기에는 삶의 흔적도 지난날의 추억도 애잔함도 없다. 그저 예쁘게 만든 상품일 뿐이다. 옛 어머님들이 만든 조각 보자기는 상품화된 것처럼 그렇게 정교하지는 않지만 인생살이의 애환과 정성이 담겨 있다. 나도 그 옛날 어머니께서 만들어주신 조각 보자기를 꺼내 보면서 우리 어머니 생각에 가슴이 젖어온다.

서른일곱 번째 이야기

슬픈 눈이 오네요

어쩌다 TV 화면에서 수북이 눈이 쌓인 내 고향 소식이라도 전해주면 내 마음은 한 달음에 고향 산천으로 달려간다. 한 송이 눈을 봐도 고향 눈이요, 두 송이 눈을 봐도 고향 눈일세. 비록 유행가의 한 구절이지만 지금처럼 대다수의 국민이 고향을 떠나서 객지에서 생활하는 시대에 살고 있는 우리는 눈이라도 펄펄 내리는 밤거리를 걸으면 고향 생각을 한다. 정말 눈물나게 생각나는 그리운 노래다. 아무리 네온이 휘황찬란하다 해도 소리 없이 내리는 눈송이만큼 아름답지 않다.

어린 시절 고향에서 철없이 놀던 그때를 생각하면 어느새 두 눈이 젖어 온다. 눈이 펄펄 내리는 겨울밤이 다하도록 집안의 동행들과 밤참을 해서 먹으면서 놀던 추억을 생각하면 흘러간 세월이 너무나 무정하다.

우리가 자라던 그때 그 시절, 오지 산촌에는 부자보다 가난한 사람이 더 많았다. 희미한 등잔불을 돋우면서 밤늦게 까지 헌옷을 깁던 어머니는 아랫목에서 새우처럼 웅크리고 자는 아이들을 위해서 군불을 지피려고 섬돌에 내려섰다. 언제부터 내렸는지 마당에는 제법 눈이 수북이 쌓여 있다. 어머니는 자기도 모르게 환성이 터진다. 어머, 눈이 오시네.

마당가에 내려선 어머니는 양손을 펴고 눈을 받아 본다, 싸늘한 촉감이 어찌도 좋은지 이번에는 마당가의 눈을 한 움큼 쥐어 본다. 어머니는 펄펄 내리는 눈송이를 망연자실 바라보면서 그 먼 옛날 처녀 시절로 돌아간다. 상념의 날개는 끝도 없이 날아서 아득히 눈 속으로 깊이 파묻힌다. 청솔가지 울타리에 사각사각 내리는 눈은 깊어 가는 겨울밤을 더욱 적막하게 한다.

골짜기가 깊은 산촌은 눈은 그쳤지만 하늘은 한껏 낮아서 까마귀 울음소리도 들려오고 멀리 눈 덮인 산과 들을 바라보는 촌로들은 긴 장죽을 입에 물고 올해는 보리 풍년이라도 들려나? 멀리 높은 산봉우리를 하얗게 뒤덮고 있는 눈은 언제 어디서 보아도 장엄하고 유려하다.

추운 겨울이 오면 눈이 온다. 첫 눈은 누구에게나 반갑다, 아이들은 아이들대로 눈 위에서 뒹굴면서 논다. 젊은 청춘은 눈을 보고 사랑을 맺고 눈 오는 밤길을 팔짱을 끼고 정답게 걷는다. 사랑하는 사람과 걷는 그 눈길은 평생을 살아가면서 아름다운 추억으로 남을 것이다. 수북이 쌓인 눈만큼 한 세상을 산 연세 많으신 분들에게도 눈은 상념을 불러온다.

지금은 세상이 변하고 하루가 다르게 생활이 바빠져서 느긋한 마음으로 눈을 감상하고 추억에 젖고 그럴 여유가 없다. 빠른 세상만큼 빠르게 산다. 좋은 차 타고 산꼭대기 까지 가서 비싼 돈 들여서 신나게 스키를 탄다. 거기에 끼지 못한 젊은이들은 그 곳에 가고 싶어서 안달을 하며 속을 태운다.

나도 이제는 한 세상을 다 살았다. 아득한 옛날 오후 수업 시간에 창밖에서 휘날리는 눈송이를 보고 학우들과 환성을 지르면서 기뻐하던 첫 눈은 정말 잊지 못할 학창 시절의 아름다운 추억이다. 해방 후 고향으로 돌아와서 보낸 처녀시절은 또 얼마나 정겹고 보람 있는 한 때이었던가.

자애가 넘치는 부모님 슬하에서 대소가의 딸들과 문중의 오빠, 언니들과 함께 수북이 쌓인 눈이 그치고 달이라도 밝으면 나는 그들과 손잡고 버선발이 푹푹 빠지는 눈길을 걸으면서 추운 줄도 몰랐다. 달빛에 취하고 눈송이에 반해서 긴긴 겨울밤이 늦도록 윷놀이도 하고 담소하면서 놀았다. 마음이 기쁘면 하늘에서 꽃송이 같이 쏟아져 내리는 눈송이를 봐도 마냥 즐겁고 기뻤다.

그러나 지금은 옛날처럼 눈이 많이 오지도 않지만 어쩌다 눈이라도 내리면 내 마음은 쓸쓸하다. 가신님의 무덤가에 수북이 쌓인 눈을 생각하면 내 마음은 슬프고 가슴은 저려온다. 유난히 추위를 많이 타시던 당신, 추우시죠? 나는 따뜻한 방안에서 당신 생각에 그저 몸 둘 바를 모릅니다. 낮게 드리운 어두운 하늘에서 꽃잎처럼, 하늘처럼, 슬픈 눈이 오네요.

서른여덟 번째 이야기

아들이 입대하는 날

유사이래 아니 선사 시대 때부터 한 부족을 위해서 한 국가를 위해서 거기에서 태어나고 자란 남자들은 부족을 위하여 나라를 위하여 국토와 민족을 방위할 의무와 막중한 책임을 가지고 있다. 이것은 동서고금을 막론하고 지켜지고 있는 거룩한 행위다. 어느 국가를 막론하고 그 나라가 망하면 그 민족은 압박과 시름 속에서 나라 잃은 통한을 겪고 살아야 한다. 우리 민족이 일제 강점기를 겪어 봐서 너무나 잘 아는 사실이다. 막강한 군대야 말로 나라의 간성干城이다. 우리는 그래서 애지중지 키운 금쪽같은 자식을 나라에 바치고 군대에 보낸다. 힘들고 고된 군 생활을 무사히 마치고 돌아오기를 천 번 만 번 기원한다.

나라를 위한 큰 일에 부름을 받고 간 자식을 위해 부모들은 잠들기 전에는 마음은 자식에게로 달려간다. 추우나 더우나 업고 안고 고이 기르던 그 자식들이 장성해서 군에 입대를 하는 날 옛날에는 셋, 넷을 보내도 또 지금처럼 달랑 아들 하나를 보내도 부모 마음이야 한결같이 서운하고 걱정스럽고 아쉬움이 많다.

옛말에 열 손가락 깨물어서 아프지 않은 손가락이 없다고 했다. 아침저녁으로 들고 날 때, 밥상머리 위에 아이자리가 비어있을 때, 그 빈자리가 얼마나 큰지 미처 몰랐을 것이다. 그렇게 애태우면서 기다리는 세월이 지나고 나면 철없던 아이는 헌헌장부가 되어 속이 꽉 찬 큰 사람이 되어서 돌아온다. 장한 내 아들이여 고생 많이 했다고 등을 두드려 주면서 기쁨의 눈물을 흘린다.

특히 어머니들은 아들을 군대에 보내면서 서운함에 눈물 흘리고 아들이 돌아오면 반가움에 또 한 번 운다. 소임과 책임을 다 마치고 돌아온 아들은 또 얼마나 떳떳하고 자신감이 넘치는지 자기 스스로 생각해도 대견하다. 어떠한 난관도 능히 감당하고 매진할 수 있는 자신감이 생긴다. 군대에서 겪었던 일을 생각하면 능히 못 할 일이 없다.

나는 어머니들에게서 자식을 군대에 보내지 못한 이야기를 듣는다. 자식이 군대에 가지 못한 이유는 단 한 가지다. 중한 병을 앓거나 신체에 장애가 심하게 있거나 이런 저런 사유가 전부 신체에 결함이 있기 때문이다. 그들은 건강해서 군대에 가는 사람을 제일 부러워한다. 건강을 잃으면 천하를 다 얻은들 무슨 소용이 있는가 말이다.

병역 비리로 해서 전국이 정신을 차릴 수 없이 시끄럽고 세상이 술렁이던 때가 있었다. 자식이 귀하지 않고, 자식이 고생하는 것이 좋은 부모가 어디 있는가. 돈을 주고 군대에 보내지 않는 사람들이 있었다. 옛말에 미운 자식 떡 하나 더 주고 예쁜 자식은 고생이 막심한 여행을 보내라 했다. 자식을 군대에 보내서 육체적으로 단련시키고 정신적으로 올바른 젊은이로 성장시키는 것은 그야말로 자식을 사랑하는 것이다. 자식이 평생을 살아가는 동안 군대 생활의 어려움을 상기하면 어떤 어려움도 어떤 역경도 헤쳐 나가는 담대한 사람으로 거듭날 것이라 생각한다.

세간에 떠도는 말이 있다. 취직 원서를 내도 사윗감을 고르는 데도 군대에 갔다 오지 않았다면 그 사유가 무엇인지 어디가 모자라는지 한번 쯤 의심을 한다. 귀한 자식을 군대에 보내는 어머니들은 보내는 마음이야 천 갈래로 찢어지고 아프지만, 헌헌장부가 되어서 자식이 돌아오는 그 날을 위하여 기도하고 자식들 군대에 보낸 것을 자랑스럽게 생각한다.

아들이 군에 입대하는 날 어머니들의 뜨거운 눈물이 얼마나 값지고 자애로운 것인가를, 그리고 자식 사랑이 하늘에 사무치는 것을 우리 모두는 잘 안다. 군대에 가서 용맹정진 하는 대한의 아들들이여. 나라와 부모님 사랑에 감사하고 더욱 전진하리라 믿는다. 그대들의 정진과 건승을 기원한다.

서른아홉 번째 이야기

난초 사연

아무리 백화가 만발하는 봄이라고는 하지만 봄에 피는 봄꽃이 따로 있고, 여름에 피는 꽃, 가을에 피는 꽃, 눈 속에서 피는 꽃 등등. 계절에 맞춰서 피는 꽃이 각각 다르다. 꽃의 모습도 다르고 향기도 다르지만, 아름답고 고운모습은 사람의 마음을 즐겁게 해주고 사랑으로 꽉 채워준다.

사랑이 식은 사람들의 삭막한 마음에 꽃은 따뜻한 사랑으로 환하게 웃을 수 있는 여유를 갖게 한다. 특히 좋아하는 사람에게서 꽃다발을 선물 받은 사람은, 천하를 다 얻은 것 같으리라. 어디 받는 사람만 그러랴. 꽃다발을 주는 사람은 더 마음이 즐겁고 좋을 것이다. 남편을 먼저 보내고 상심한 마음을 둘째 며느리가 가슴 가득히 안겨주는 꽃다발로 위안을 얻었다. 아름다운 꽃은 우리 인생살이에 있어서 꼭 필요하다.

입학식에, 졸업식에, 결혼식에 축하의 꽃다발을 보낸다. 평생을 사노라면 꽃다발을 받을 일도 보내는 일도 너무 많다. 꽃은 비싸지만, 비싼 값을 톡톡히 한다. 꽃다발을 주고받는 것은 서로간의 사랑을 확인하고 정을 돈독히 한다. 사랑과 정을 어찌 돈으로 따지겠는가. 오직, 꽃다발로 서로의 마음을 꽃다발처럼 꼭 묶는 것이다.

내가 제일 좋아하는 꽃은 매화꽃이다. 눈 속에서 보일 듯 말 듯 수줍게 웃는 매화꽃은 곱다 못해 떨고 있는 여린 꽃망울이 애처롭고 서럽기조차 하다. 높은 절개는 타의 추종을 불허한다. 설한 속에서 고결하게 피는 매화는, 보는 이의 마음을 순결하게 하고 정숙하게 한다.

진달래보다도 먼저 봄을 알리고 잠깐사이에 사람들의 눈과 마음에서 멀어져가는 매화꽃은 자기 스스로를 요란하게 드러내놓지 않지만 그 향기는 이른 봄의 산과 들을 그리고 사람들의 마음을 황홀하게 한다. 지금은 세상이 하루가 다르게 발전해서 꽃도 제철이 없다. 한겨울에도 비닐하우스에서는 장미꽃이 만발하고 낙목한천에 홀로피던 국화는 사철에 그 높은 서릿발 같은 기상을 천하에 떨친다.

글 읽는 선비의 남향 밝은 창가에는 마당까지는 아니더라도 서재 가득히 은은한 꽃향기가 넘친다. 머리를 맑게 해주는 난초분이 조르르 가지런히 놓여있다. 화려한 꽃은 아니지만, 격조 높은 난초는 선비님을 꼭 닮아서 높은 향훈과 절도로 꽃 중의 꽃이다. 가꾸기도 여느 꽃보다 까다롭고 꽃 보기도 어렵다. 동양 난초가 그렇게 사람의 마음을 기쁘게 하니 언제나 곁에 두고 조석으로 보살피는 그 정성은 참으로 대단하다. 동양 난을 바라보면 마음이 맑아지고, 난초 분을 가꾸는 사람들도 격조가 높아지는 것 같다.

요 몇 년 사이, 화려한 자태로 사람의 눈을 현란하게 하는 서양 난이 거리마다 꽃집마다 넘쳐난다. 행사장마다 여왕같이 군림하는 서양 난은 당연 으뜸이다. 서양 난답게 키도 크고 잎도 크다. 꽃송이도 탐스럽고 어떤 꽃은 요염하기까지 하다. 서양 난 중에서도 호접난은 달 밝은 봄의 밤같이 보는 사람의 마음을 한결 은은하게 한다. 동양 난의 향기에 취했다가도 호접난의 요염한 자태를 보면, 눈길은 당연히 호접난으로 옮겨가서 그 아름다움에 탄성이 절로 난다. '아아, 참 예쁘다' 누구든지 그렇게 말한다. 정말 고혹적으로 예쁘다. 그러나 동양 난에 비해서 향기는 별로 없다.

2000년 5월, 셋째 아들이 큰 뜻을 세운 보람이 있어서 공직을 명예롭게 퇴임하고 변호사로 출발하는 날, 축하의 뜻으로 받는 난초분을 우리에게도 보내왔다. 향기 높은 동양난, 화려한 서양난, 아름다운 호접난, 수도 없이 많이 갖고 왔다. 병석에 누워있는 환자에게는 아름다운 꽃이 한결 위안이 되리라. 병환이 위중하신 남편께서는 윗목에 가득히 놓여있는 난초꽃을 보시고 참 좋아하셨다.

"아, 꽃도 참 곱구나." 말씀하시고 끝내, 눈가에 이슬이 맺히셨다. 나는 그 이슬의 의미를 안다.

'여보 당신께서 마지막 보고가신 5월의 향기 높은 난초꽃이 지금도 꽃가게마다 가득가득 넘칩니다.'

나는 그 꽃가게를 무심히 지나칠 수가 없게 된다.

마흔 번째 이야기

자연으로 자연처럼

한 평생을 가정이라는 울타리 안에서 자식을 키우고 살림하고, 그저 그렇게 오늘이 어제 같고 내일이 오늘 같은 평범한 생활에 안주하면서 나는 살아왔다. 난들 어찌 봄의 꽃 소식을 모르고 가을의 단풍이 고운지 모를까마는 아들 사형제에 남편까지 그렇게 남자 다섯 명을 보살피고 사니 외출이란 쉽지 않다. 행여라도 산천 구경을 가보겠다고 생각조차 해 본 적이 없다.

그러나 세월도 많이 가고 또 변해서 아이들 결혼시키고 조금은 내 생활이 편하고 시간 여유도 생겼다. 이웃 아주머니들과 봄 가을에 꽃구경도 가고 단풍놀이도 갔다. 같이 동행한 아주머니들은 나를 놀린다. 달팽이 같이 집에만 있던 사람이 어쩐 일이냐고 하면서 내일은 해가 서쪽에서 뜨겠다고 한다.

어릴 때부터 여행을 좋아하지만, 차 안에서 노래하고 떠드는 것은 별 재미를 못 느낀다. 그저 창밖으로 스치는 풍경에 도취되어 산봉우리에 걸려 있는 구름 한 점에 내 마음도 둥실 뜨고, 마산에서 진해로 넘어가는 이름 모를 고갯길에서는 눈부시게 그리고 앙증맞게 피어있는 노란 개나리꽃에 나도 모르게 한숨 섞인 탄성이 절로 나온다.

차안에 사람들은 나를 보고, 놀지는 않고 창밖에 무엇이 그렇게 볼 게 있어서 창밖만 내다보느냐고 성화다.

노는 게 대수인가. 이 아름다운 풍경을 보기 위해서 어제 밤은 소녀 같이 밤잠도 설쳤는데. 한 구비 산허리를 돌고 나면 활짝 핀 구름 같은 벚꽃이 두 손을 높이 쳐들고 환한 웃음으로 나를 반긴다. 꽃 터널을 달리면서 나는 차를 세우고 그 아름다운 꽃들과 해가 질 때까지 동무하고 싶다. 꽃그늘 아래서…….

어디 꽃뿐이랴, 높이 솟은 장엄한 산과 유장하게 흘러가는 강과 냇물 그리고 끝없이 넓은 들판은 내 마음을 생활에 찌든 현실에서 깨끗하게 정화시켜 준다. 자연을 벗 삼은 하루가 십 년은 나를 젊게 하고 새 힘을 준다. 참 아름다워라. 주님의 세계는……. 나도 모르게 찬양이 나온다. 뒤도 돌아보지 않고 세월은 매정하게 가고 인생은 늙어가지만 마음만은 저 아름다운 자연과 영원히 젊게 살고 싶다.

마흔한 번째 이야기

당숙의 바이올린

따뜻한 햇살과 싱그러운 봄바람에 만물이 깨어나는 이른 봄 황악산 기슭 직지계곡에는 옥수 같은 맑은 물이 꽃피는 봄을 재촉이나 하듯이, 아름다운 노래를 부르면서 잘도 흘러간다. 유한한 인생을 무한한 영원으로 인도하면서 주야로 쉴 새 없이 흐른다. 당숙 어른이신 박중근 어른의 구순 잔치가 열리는 날이다. 90평생을 흐르는 물과 같이 한 결 같은 마음으로 오직 하나님을 믿으시면서 욕심 없이 깨끗하고 바르게 사신 분이시다. 많은 후배와 친척들과 교회 분들을 한 자리에 부르시고 구순 생신 잔치를 베푸셨다.

효성이 지극한 아들들이 정성을 다해서 준비한 생신 잔치는 대성황을 이루었다. 평생을 교육자로 계시면서 가르치고 길러내신 제자들은 또 얼마나 많은지! 우리나라의 동량으로 소임을 다하면서 각 분야에서 이바지 하고 있다. 이렇게 훌륭한 분이 내게는 제일 가까운 당숙부님이시고 우리 집안에서는 제일 큰 어른이시다. 가문의 자랑이 아닐 수 없다. 나는 그 분을 대할 때마다 눈같이 아름답게 빛나는 은발과 온화한 미소에서 인자함의 극치를 보는 것 같다. 바르게 기르신 아들 3형제는 부모님의 뜻을 따라 깊은 신앙심으로 부모님께 효도를 다하면서 자기들 전문 분야에서 최선을 다하고 있다. 이 사회에 꼭 필요한 약사, 의사 또 사업가로 나름대로 정상을 지키고 있다. 정말 하나님의 축복을 받은 가정이다.

인생이란 누구나 한 번 왔다가 가는 것이라 하지만 순탄치 않는 것이 또 인생이다. 한 평생을 사는 동안 기쁨도 있지만 슬픔과 괴로움도 많다. 그런 인생을 하나님만 의지하고 교직을 천직으로 알고 오직 한 평생을 어린이 같은 동심으로 깨끗하게 사신 어른이시다. 나는 그 어르신을 대할 때 마음으로 존경하고 또 무언의 가르침을 받는다.

구순 생신을 성황리에 치루면서 경건한 예배와 축사와 박수소리에 장내가 한결 기쁨에 넘친다. 문득 귀 기울이니 바이올린의 선율이 은은히 장내에 흐른다. 백발의 할아버지께서 단아한 모습으로 마음을 다해서 연주를 하신다. 장내는 물을 끼얹듯이 고요하고 오직 바이올린의 아름다운 선율이 잔잔한 감동으로 내 마음속을 파고든다.

마흔두 번째 이야기

유정한 달님

이 세상에 살면서 누구나 중천에 높이 뜬 달을 보면 그 나름대로 감개가 무량하다. 나도 그 중의 한사람이지만 정말 달을 쳐다보면 마음속에 보름달을 안고 있는 것처럼 기쁨이 충만하고 만감이 교차한다.

형용할 수 없이 좋아서 찬바람이 방안에 가득 차도 추운 줄도 모르고 방문을 열어 놓고 달을 쳐다본다. 달이 조금씩 기울면 누운 자리를 옮겨가면서까지 달을 사랑한다. 깜깜한 밤에 밝은 달이 비추니 좋기도 하지만 밝고 둥근 달에는 추억이 서려있다. 어린 시절, 처녀 시절 그리고 아이들 키우면서 헤아릴 수 없이 많은 추억이 있다.

어쩌다 한밤중에 뜰에라도 내려나와 중천에 높이 뜬 둥근 달을 쳐다보노라면 어느새 잠은 달아나고, 달은 무심히 나를 내려다보지만 내 마음은 천 갈래 만 갈래다. 부모님 그리고 어린 자식들, 남편 가족들이 모두 내 곁에 있을 때는 기쁨이 충만하고 그저 즐겁고 그 달이 기울 때까지 잠을 설치곤 했다.

세월이 흘러가고 그리운 사람들도 내 곁을 떠난 지금, 그렇게도 기쁨으로 충만했던 달이 이제는 슬픔으로 다가온다. 달은 같은 달인데 보는 사람의 마음이 이렇게 변할 줄이야. 시간이 가는 것도 잊은 채 달을 쳐다보면 객지에서 공부하는 아이들 생각에 또 군대에 간 자식들 생각에 잠 못 드는 밤을 지새우게 된다. 그랬던 때가 어디 한 두 번 이었던가.

지금 생각하면 그런 것은 모두 그래도 즐거운 희망이요 보람이다. 늘그막에 혼자가 된 나는 그럴 때가 한없이 그립다. 둥근 보름달을 보면 혼자 보는 그 달이 어찌 그리도 슬픈지. 가슴에 안기는 달빛을 외면하고 창문을 닫아 버린다. 차마 쳐다볼 수 없다. 그래도 달빛은 내 곁에 있다. 가신 님들의 무덤가에도 환하게 비쳐주십시오. 그들도 밝은 달을 보면서 기뻐하시겠지요.

처녀들의 눈썹 같은 초승달은 무심한 사람들은 볼 수 없다. 얼마나 어여쁜지 똑 따다가 창문틀에 걸어 놓고 싶다. 밤마다 예쁘게 자라서 커가는 모습이 그야말로 희망을 상징한다. 깜깜한 시골길을 초승달을 등불 삼아 이웃 친구 집에 놀러 가던 때가 생각난다. 희미한 달빛을 등불 삼아 나누는 슬픈 이야기나 즐거운 이야기는 초승달이 지고 깜깜해질 때까지 이어지고, 친구들과의 정은 하루가 다르게 커가는 보름달만큼이나 가슴이 충만했었다.

국화꽃 향기 속에 가을은 깊어가고 그 향기 속에 높이 뜬 달은 보름달이건 초승달이건 사람의 마음을 흔든다. 슬픈 사람은 달을 보고 울고 기쁜 사람은 달을 보고 웃는다. 얼마나 많은 사람이 달을 보고 울고 웃고 하였을까.

누가 무심한 달이라 일컬었는가. 영겁의 세월을 비추면서 세상만사 인간의 만 가지 정을 품에 안고 있는 유정한 달님이시다.

아흔세 번째 이야기

고물 선풍기와 부러진 뿔도장

삼십 여년을 넘게 여름이면 나를 시원하게 해주는 선풍기가 있다. 어쩌다가 우리 집에 놀러오는 친구는 이제 그만 버리라고 한다. 성능 좋고 모양도 예쁜 선풍기가 얼마나 좋은지 내가 그것을 왜 모르겠느냐 만은 나는 이렇게 낡고 성능도 떨어지는 볼품없는 선풍기를 차마 버리지 못한다.

1970년대 초까지만 해도 찌는 삼복더위에 우리 가족은 선풍기 한 대 없이 부채 바람으로 시원한 미숫가루를 타서 마시면서 한 더위를 넘겼다. 그때 그 시절, 대다수의 가정이 그렇게 생활을 했다. 어쩌다 시장에 가서 가전제품 가게에서 시원하게 바람을 쏟아내는 선풍기를 보면 그렇게 사고 싶어서 나는 안달을 했다. 퇴근해서 오시는 남편이나 밤늦게까지 공부하는 아이들을 생각하면 앞뒤 생각할 겨를도 없이 사고 싶어진다.

그럴 때, ROTC장교로 군대 간 큰 아들이 보병학교에서 훈련을 받으며 편지와 더불어 첫 월급을 몽땅 보내왔다.

"어머님, 반지 하나 사세요."

남들이 다 하나씩은 갖고 있는 반지 하나 없는 나에게 효심이 지극한 아들은 그걸 꼭 사서 주고 싶었는가 보다. 그 편지와 돈을 받고 내 마음은 참으로 기쁘고 흐뭇했다. 반지가 갖고 싶어서가 아니라 아들의 마음이 고마웠다. 생각 끝에 나는 아들이 보내준 돈으로 우리 가족이 다 같이 누릴 수 있도록 또 긴요하게 쓸 수 있도록 그렇게 사고 싶었던 선풍기를 샀다. 그날의 우리 가족의 기쁨은 필설로 다할 수 없다.

지금은 자식들도 다 내 곁을 떠나가고 남편께서도 내 곁에 안 계시지만 온 가족이 둘러앉아서 시원한 바람을 쏘이던 사랑하는 사람들을 생각하면서 한여름을 시원하게 해주던 낡아 빠진 고물 선풍기를, 나는 애틋한 손길로 깨끗이 손질해서 고이 모셔둔다.

그 소중한 사연과 사랑이 담긴 선풍기를 어찌 버릴 수 있겠는가. 나는 고장이 나서 못 쓸 때까지 그 선풍기를 애지중지 할 것이다.

내가 아껴 쓰는 빨강 뿔도장이 하나 있다. 흔히 길거리에서나 도장 파는 가게에 가면 싼 값에 살 수 있다. 그러나 그 빨강 뿔도장도 내게는 고물 선풍기처럼 소중하고 고마운 물건이다. 너무 오랫동안 사용해서 도장 중간이 부러졌다.

어느 날, 은행에서 창구직원이 도장을 보고

"할머니, 도장하나 사드릴까요?" 한다.

나는 입가에 미소를 머금고

"아가씨, 고맙지만 그 도장은 내게는 아주 소중한 물건이라오. 우리 둘째 아들이 군 복무를 마치고, 제대 기념으로 내게 선물한 것이니 내게는 아주 귀한 것이라오."

여직원은

"할머니, 아드님이 아주 효자시네요."

하면서 그 도장을 한 번 더 만져본다. 그렇다. 값비싼 물건이라고 다 좋은 것은 아니다. 남이 보기에는 대단한 것이 아니라도 자기 마음에 소중한 물건이면 그것이 보물인 것이다. 은행에 갈 때마다 나는 빨강 뿔도장을 가지고 간다. 즐거운 마음으로 그 도장을 손바닥 위에 놓고 삼십 여년의 세월을 거슬러, 군복을 입은 늠름한 둘째 아들의 모습을 떠올린다.

고물 선풍기와 부러진 빨강 뿔도장은 나의 귀중한 재산이다.

마흔네 번째 이야기

편지 오는 날

옛날에는 가족이나 또는 친구 그리고 사랑하는 사람의 안부가 궁금하고 그리우면 누구나 편지를 띄운다. 객지에 나가있는 자식들은 고향의 부모님께 효심을 다해서 문안편지를 올린다.

고향의 부모들은 객지의 자식들에게 객지면식客地眠食이 편안한지 고달픈지, 주야로 걱정하면서 한 장의 편지로 자식사랑을 전한다. 지금 세상은 전화라는 문명의 이기로 인해서 그렇게 정이 담긴 편지는 좀처럼 쓰지 않는다. 전화 한 통으로 해결한다. 바쁘고 편한 세상이니 편하게 사는 것도 좋다.

그러나 전화는 왠지 허전하고 아쉽다. 반가운 소식과 정이 듬뿍 담긴 긴 사연의 편지를 받아보는 즐거움과는 비교할 수 없다. 워낙 바쁜 세상이라 전화만이라도 자주 걸어서 서로의 소식과 정을 나누는 것도 쉽지 않다. 특히 핵가족 시대에 사는 요즘의 생활환경에서는 서로 떨어져 사는 조손祖孫간의 정은 멀기만 하다. 한 집에 살지 않으니 당연하다.

이런 세태에 살면서도 정말 행복할 때가 있다. 토요일이 되면 어김없이 문안 전화를 해주는 손자, 손녀들이 있다. 기특한 일이다. 나도 기쁘지만 저희들도 어른을 공경하는 도리를 몸에 익혀 나가니 장차 훌륭한 인격을 갖춘 훌륭한 사람이 되리라 믿는다.

외출을 했다가 아파트 현관을 들어서니 편지함 속에 낯선 편지 한 통이 들어있었다. 편지 올 데가 없는데 의아해 하면서 꺼내보니 멀고 먼 미국에서 손녀딸이 보낸 편지다. 나는 반가움에 그 편지를 현관에서 뜯어보았다. 먼저 손에 잡힌 것이 한 장의 사진이다. 가지런한 긴 머리에 활짝 웃고 있는 손녀는 나를 보고 더 예쁜 모습으로 환하게 웃고 있다. 나는 반가움에 저를 대한 듯 눈시울이 젖어온다.

집에 들어와서 편지를 펴보니 깨알같이 예쁘게 쓴 글씨와 정겨운 사연이 나를 감동케 한다. 어린 나이에 부모 슬하를 떠나서 열심히 공부하는 손녀가 대견하고도 안쓰럽다. 자기 혼자 힘으로 10대 후반을 열심히 살고 있는 손녀에게 하나님의 은총과 사랑이 같이 하시기를 기원하면서 언제나 돌보아 주실 것을 오늘도 나는 기도한다.

사랑하는 나의 손자, 손녀들아. 하나님과 부모님들의 사랑 속에 잘 자라서 큰 사람이 되어라. 너로 인해서 할머니는 정말 기쁜 하루였다. 언제나 기쁜 소식이 오가기를 기도하면서…….

마흔다섯 번째 이야기

휴대폰

오늘은 오랜만에 아들에게 전화를 걸었다. 잘 있으리라 믿으면서도 그래도 아들 내외의 목소리라도 듣고 싶다. 혼자 사는 생활이란 외롭고 쓸쓸하다. 긴 전화 벨소리 끝에 상냥한 며느리의 음성이 들린다.

"네, 어머님 안녕하세요."

"그래, 너희도 잘 있느냐."

수인사가 오가고, 이쪽저쪽 안부를 서로 물어보고 그렇게 전화는 끊어졌다. 대문 밖을 모르고 살던 나도 이제는 밖에 나가서 친구들과 보내는 시간이 많아졌다.

어느 날, 큰 아들이 나 없는 사이에 집에 전화를 했나보다. 그날따라 놀다가 저녁을 먹고 들어왔다. 큰 아들은 내가 몹시도 궁금했나보다. 한번은 내게

"어머니, 휴대전화 하나 사드릴까요?" 한다. 나는 눈도 침침하고

휴대전화 걸 줄도 모르는데 그 비싼 것을 왜 사느냐면서 거절을 했다. 나를 생각해주는 아들이 고맙고 대견하지만 별로 필요한 것 같지 않았다.

그러던 어느 해 봄에 내가 갑자기 많이 아파서 가깝게 있는 둘째네 집에 꼭두새벽에 전화를 걸었다. 어지러워서 눈도 못 뜨고 구토가 심했다. 정말 죽을 것만 같았다. 둘째네가 얼마나 놀랐으랴. 그 먼 길을 한숨에 달려왔다. 아침 나절에는 부랴부랴 서울에서 큰 아들이 내려오고, 큰 소동을 치루었다. 서울 병원에서 치료받고 한 달 만에 집에 와서 생각하니 자식이 울타리라고, 정말 자식들이 고맙고 의지가 되었다.

2002년 크리스마스 선물을 나는 둘째아들 내외에게서 받았다. 그 아이들이 휴대폰을 사가지고 왔다.

"어머님, 길에 다니시다가 몸이 편치 않으시면 공중전화가 곁에 있는 것도 아니고 이걸로 연락을 하세요."

사용하는 법을 배웠다. 고 조그마한 것을 가지고 다니면서 이렇게 편리한 줄은 몰랐다. 앙증맞게 예쁘고 손 안에 꼭 드는 그 휴대폰을 나는 애지중지 보물처럼 가지고 다닌다. 나는 휴대폰을 볼 때마다 둘째들 내외의 마음을 느낀다.

마흔여섯 번째 이야기

장미와 서리

봄에서 늦가을까지 곱게 아름답게 향기도 은은하게 사람의 마음과 눈을 즐겁게 해주는 꽃은 종류도 많고 자태도 가지각색이다. 색깔도 천 가지 만 가지이다. 향기도 진한 것 연한 것, 사람들의 취향에 따라 사랑도 많이 받고 차별도 많이 받는다. 나는 이 꽃이 좋은데, 너는 무슨 꽃이 좋으냐고 물으면 그 대답도 사람에 따라서 모두 다르다.

꽃 중에서 오월에 피는 장미는 종류도 다양하지마는, 무엇보다도 제일 아름답고 향기도 진해서 곁에 가면 누구든지 취한다. 장미는 과연 오월의 여왕답다. 화단에 곱게 핀 붉은 장미는 피고 지고 또 피고 여름 한 철을 화려하게 장식한다. 눈길이 가면 꼭 향기를 맡아보고 즐거움을 만끽한다.

넝쿨 장미는 또 얼마나 좋으냐. 마당 구석에서 화려하게 꽃을 피워서 주인을 즐겁게 하기도 하고, 마음이 넉넉하여 울타리 밖까지 넝쿨째 넘어와서 길 가는 사람들의 마음을 사로잡아 발걸음을 멈추게 한다. 잠시 넋을 잃고 바라보면서 '아, 정말 아름답다'고 탄성을 울린다. 장미는 자기 자태가 너무 아름다워 타인의 손길을 거부하면서 자기를 지킨다. 그러기에 장미에는 가시가 있는 것이다.

내가 사는 조그만 아파트 화단에도 예외 없이 아름다운 장미가 철 따라 색 맞추어 송이송이 앞 다투어 피기 시작하면서, 들고나는 사람들의 사랑을 듬뿍 받는다. 나는 그 아름다운 장미를 꺾고 싶은 충동을 받지만 내 양심이 나를 질타한다. 그냥 그 자리에 두고 보는 것이 제일 오래 볼 수 있기 때문에 장미를 더욱 소중하게 여기면서 그 아름다움을 눈으로 감상한다.

아름다운 장미는 여름 한 철을 구가하면서 언뜻 부는 가을바람에 잠시 놀라지마는 그래도 가을 한 철을 더욱 향기롭게 핀다. 세월이 빨라 어느새 아침 저녁으로 소슬 바람이 불어오면 그 곱던 자태도 조금은 생기를 잃어간다. 일기 예보에 내일은 무서리가 내린다고 한다.

오가면서 문득 장미를 본다. 활짝 핀 장미꽃은 자기 소임을 다했지만, 아직 봉오리로 맺혀있는 장미는 무서리를 맞으면 활짝 펴보지도 못하고 시들어 질 것을 생각하니 나는 장미 봉오리가 애처로운 마음에 가시에 손가락을 찔려 가면서 꽃봉오리 세 개를 꺾어 가지고 집에 돌아왔다. 남편께서는 화단에 있는 것은 내 것이 아니고 아파트에 사는 모두의 것인데 꺾었다고 야단을 치신다.

"여보, 내일이면 서리가 내려서 시들어 죽어요. 그래서 꺾었답니다."

변명 아닌 변명을 하면서 꽃병에 꽂았다. 아니나 다를까. 화단의 장미는 지난 밤에 내린 서리를 맞아서 볼품없이 되었지마는 우리 방의 꽃봉오리는 살며시 곱게 피더니 일주일도 더 예쁘게 방안 가득히 향기를 뿜으면서 나를 즐겁게 해주었다.

장미야, 내년 가을에는 서리가 내릴 때 봉오리로 피지 말고, 기다렸다가 봄에 피려무나. 꽃병의 장미 꽃봉오리에게 나는 정답게 속삭여 주었다.

마흔일곱 번째 이야기

대합실에서

버스를 타려고 주차장에 갔다. 소도시의 터미널이라 대합실은 그리 넓지 않지마는 사람들은 꽤 붐비고 있었다. 사회가 많이 발전을 해서 산간 오지까지 아스팔트 길을 잘 닦아 놓아 버스가 일사천리로 잘 달려간다. 멀리는 서울 행 고속버스를 비롯하여 대구, 포항 어느 곳이던지 갈 수 있는 버스들이 즐비하다.

대합실에는 낯선 사람들이 차를 타기위해서 무표정한 얼굴로 앉아 있다. 언제나 그 자리에는 사람들이 앉아 있다. 날마다 다른 사람이지만 내가 보기에는 늘 같은 사람처럼 보인다. 대합실 분위기는 언제나 썰렁하고 매점에 진열해 놓은 물건들이나 담배를 물고 서성이는 중년의 남자, 햇볕에 그을린 농촌의 여자들, 언제보아도 변함없는 풍경은 그 사람이 그 사람같이 같은 사람으로 보인다. 언제 가서 보아도 분위기는 꼭 같다. 어저께 앉았던 그 사람이 오늘도 앉아 있는 것 같다.

그래도 가끔은 가라앉은 분위기를 들뜨게 하는 장면으로 나타난다. 대합실 분위기를 갑자기 활기있게 하는 손님은 배낭을 매고 여행을 떠나는 사람들의 표정이다.

웃고 떠들고 하기를 그치지 않는다. 곁에서 보고 있어도 절로 마음이 즐거워진다. 악수한 손을 놓지 못하고 흔들어 대면서 반가워하는 저 두 남자는 몇 년 만에 만났기에 저리도 반가울까. 외로운 내 마음에 슬며시 부러움이 솟아난다.

표를 사기 위해서 줄을 선 사람들 중, 늙은 할머니에게 먼저 사시라고 양보를 하는 아름다운 마음씨의 아가씨에게 나는 마음으로 칭찬을 아끼지 않는다. 매점 앞에서 신문을 사서 펼쳐보는 아저씨는 무슨 기사가 못마땅한지 잔뜩 얼굴을 찌푸리고 있다. 자기가 산 주식이 폭락을 했나? 나는 어림잡아 생각해본다. 엄마와 같이 시장에 왔다가 얻어먹는 과자를 다 먹고 봉지 채 거꾸로 들고 흔드는 아이의 아쉬움의 눈빛. 아이구, 한 봉지 더 사주지. 나는 혼자 인심을 써본다.

차가 도착하여 손님이 내리면 마중 나온 사람은 덮어놓고 반가워서 환한 웃음을 얼굴 가득히 머금고 서로의 안부를 부르면서 다정하게 인사를 한다. 서울 행 우등 고속버스는 요금도 비싸지만 편한 좌석이 정말 좋다. 그러나 나는 언제나 보통 고속버스를 탄다. 자리도 편하고, 냉난방 시설이 좋아서 굳이 우등고속을 탈 필요를 느끼지 않는다.

절약한 생활이 몸에 배어서 그런지 몇 천원의 돈도 나는 아깝다. 우등고속이나 보통고속이나 목적지까지 가는 시간도 같은데 또 바쁠 것도 없는데 굳이 우등고속을 타야 할 이유가 없다. 대합실의 분위기는 그날이 그날이지만 차를 타고 가는 사람들의 표정은 그날이 늘 새날이다. 한결 밝고 즐거운 얼굴들이다.

떠나는 사람보다 남는 사람이 언제나 서운하고, 보내는 아쉬움에 가슴이 저려오는 곳이 바로 대합실이다. 언제나 같은 분위기의 썰렁한 대합실에서 서성이면서 내가 타고 갈 버스를 기다리고 있다. 세상만사의 사람들 표정이 나를 스쳐 지나간다.

마흔여덟 번째 이야기

목련화를 바라보면서

오오, 내 사랑 목련화야……. 성악가의 아름다운 목소리로 목련화를 예찬하는 노래는 언제 들어도 정말 좋다. 순백의 꽃망울을 터트리면 누구나 한번 쯤 쳐다보면서 그 아름다움에 매료되고, 봄이 왔음을 실감한다.

아름답고 우아한 목련화는 당연 봄의 꽃 중에 꽃이다. 푸른 하늘을 향하여 나뭇가지마다 피어있는 순백의 목련화는 도공이 심혈을 기울여 빚어놓은 예쁜 찻잔이 탐스럽게 가지마다 달려있는 것 같다. 그림 같은 모습이다.

서리 찬 달빛 아래서 바라보는 목련화는 차라리 푸르다고 하는 표현이 어울리겠다. 산들 부는 봄바람에도, 새벽에 가슴만 적시는 봄비에도, 행여 꽃잎이 떨어질 까봐 나는 가슴 졸이면서 조바심이 난다. 비라도 맞아서 함초롬히 젖어있는 목련화는 소복단장을 하고 서럽게 울고 있는 여인의 모습을 연상케 한다. 그 모습이 조금은 슬프다.

이 어지러운 세상에, 인정이 메마른 세상에 담 너머까지 가지를 뻗어서 피어있는 목련화는 길 가는 사람도 잠시 서서 바라보면서 넋을 놓고 그 아름다움에 취한다. 마당 안 쪽에서 그 자태를 아침 저녁으로 바라보며 기쁨을 누리는 행복한 사람들은 그 마음에 평화와 환희를 전하는 봄의 선물인 목련화를 소중하게 가꿀 것이다.

이 봄에도 목련화는 아름답고 우아하게 그리고 정갈하게 이 강산을 곱게 수를 놓고 있다. 마음이 어지럽고 정이 메말라가는 각박한 세상에 한 송이 목련화를 바라보면서 마음을 달랜다. 꽃처럼 아름답게 살자고. 고상하고 순결한 마음으로 살자고.

따흔아홉 번째 이야기

가는 봄 오는 봄

행락의 봄이 왔다. 꽃샘 추위에도 매화가 피고 어느새 지고 개나리, 진달래, 벚꽃이 앞 다투어 피면서 한껏 봄을 노래하고 있다. 그 사이 아름다운 목련화는 우아한 모습으로 잠시 눈을 즐겁게 한다. 푸른 하늘에는 솜 같은 흰 구름이 한가히 떠돈다. 지상에서 만발한 봄꽃을 환한 웃음으로 내려다보며 하늘과 땅에서 봄의 향연을 펼치고 있다.

가고 오는 계절이지만, 봄은 언제나 그 진한 향기로 사람들의 마음을 들뜨게 한다. 산골짜기에서 흘러내리는 물소리는 더욱 정겹고 듣는 이의 귀를 간지럽게 한다. 들과 산을 아름답게 봄꽃으로 단장하고 사람들의 마음을 현혹하는 봄이야말로 우리들 가슴을 희망으로 기쁨으로 충만케 한다.

봄을 찾아 꽃을 찾아서 하루를 즐기는 우리 연세 높으신 노인들도 오늘 하루만은 청춘인 양 들뜨고 기쁘다. 잠시 하루의 즐거운 나들이지만 추운 겨울 동안 그렇게도 기다리던 봄날의 하루가 일 년을 견디는 힘을 보태줄 것이다.

산채나물에 점심을 맛있게 먹고, 흐드러지게 핀 봄꽃을 구경하면서 누구랄 것도 없이 천 날 만 날이 오늘만 같이 즐거워라 소원한다. 강물같이 흘러가는 세월이 마냥 아쉽다. 녹음이 어우러진 여름도 좋지마는 역시 봄이 제일 좋다.

나이를 탓하지 말고 오직 희망과 만물이 소생하는 봄을 예찬하면서 마음은 언제나 청춘으로 살자. 봄을 가슴 깊이 간직하고 아름다운 마음으로 늙어가자. 봄의 교향곡을 눈으로, 마음으로 노래하면서.

쉰 번째 이야기

청명 한식의 성묘

개나리, 진달래, 벚꽃이 흐드러지게 피고 하늘은 말 그대로 청명하고 천지간에 봄이 무르녹는다. 친한 친구들과 삼삼오오 봄 구경, 꽃구경을 하면서 누구든지 자기 나이도 잊고 꽃향기에 취해서 하루를 즐긴다. 관광버스를 타고 흥에 겨워서 손뼉을 치면서 행락의 행렬은 끝이 없다.

2004년 4월 4일은 청명이고 4월 5일은 한식이다. 옛날부터 내려오는 유래를 따라, 미풍양속대로 대대로 이어오면서 청명, 한식에는 조상님들의 묘소에 성묘를 간다. 화창한 봄날에 꽃구경도 하고 조상님 묘소도 찾아 뵙고, 가족들이 모두 모여서 오래간 만에 만남의 기쁨도 누리고 정말 좋은 하루를 보냈다. 우리 큰 댁의 조카님들 그리고 질부들이 차려온 맛깔스러운 음식을 먹으면서 담소하는 모습은 곁에서 보기에도 아름다운 풍경이다.

지금 세상이 사촌 간에도 소홀하게 지내고 정 없이 사는 세태인데, 우리 대소가는 친형제 같이 정이 넘치고 서로를 사랑하고 염려가 넘친다. 모두가 조상님들의 음덕임을 생각하고 나는 감사가 넘친다. 곱게 다듬어진 잔디위에 어느새 봄눈이 녹고 봉분마다 새파란 잔디가 파릇이 돋아나고 있다.

모두들 절을 하고 기도하면서 가신님들의 명복을 진심으로 빌었다. 내 나이도 어언 팔십 고개를 바라보니 성묘를 갈 때마다 파란 잔디의 고운 색을 어루만지면서 가신님의 곁에 누운 내 모습을 새삼 생각해본다. 가고 오는 인생이야 하늘이 정해주시는 것을 사람이 어찌 가늠하면서 살겠는가. 하늘의 뜻에 순응하면서 즐거운 마음으로 살아야지.

자손들을 거느리고 이십 명이 넘는 성묫길의 하루가 뜻있고 보람있었다. 그날 하루를 위하여 모두들 바쁘고 먼 길을 수고하고 오가는 너희들에게 행과 복이 넘치리라. 청명, 한식의 성묫길을 다녀오면서 감회가 새롭다.

신한 번째 이야기

석촌 호수에서

벚꽃이 흐드러지게 핀 호반의 벤치에 앉아 나는 푸른 하늘의 흰 구름을 바라보면서 여기가 무릉도원 같다는 생각이 든다. 솟구치다가 잔잔한 물결로 멀리 원을 그리면서 출렁거리는 호수는 몇 시간을 앉아서 바라보아도 싫증이 나지 않고 정말 좋다. 산책 나온 사람들의 무리에 섞여서 나도 걸어간다.

푸른 하늘을 보랴, 아름다운 꽃을 감상하랴 나의 발걸음은 무척 더디다. 같이 걸어가던 사람들은 벌써 저 멀리 앞서가면서 내 시야에서 사라진지 오래다.

아득히 허공에서 내리 꽂히는 놀이기구에서 젊은이들의 비단을 찢는 것 같은 고성이 바람을 타고 들려온다. 나의 눈길을 사로잡는, 그들이 타고 있는 놀이기구는 쳐다만 보아도 현기증이 난다. 정말 좋은 세상이고, 정말 좋은 시설이다. 이런 곳에서 소일하고 즐기는 사람들은 근심도 걱정도 없는 행복이 넘치는 사람들 같다.

호수를 한 바퀴 돌고 벤치에 앉아서 이번에는 산책하는 사람들을 구경한다. 행복한 사람들 같은데, 자세히 보니 모두들 표정이 밝지만은 않다. 젊은 사람들이야 쌍쌍이 손잡고 웃음이 넘친다. 그러나 중년을 넘어선 사람들은 그 얼굴에 아무런 표정이 없다. 그저 건강을 위하여 달리고 걷고 운동한다. 더 늙기 전에 건강을 위하여 운동을 해야지. 이렇게 평범한 진리를 우리는 알면서도 실천을 하지 못한다. 사람이 나이가 들면 감성이 무디어진다.

솟구치다가 잔잔한 물결로 반짝이는 호수의 물처럼, 솟구치는 힘으로 맑고 밝게 살아가자. 풍부한 감성으로 아름다운 마음으로 세상을 바라보면 어두웠던 마음도 밝아지리라. 아름다운 호숫가에 앉아서 나도 내 마음을 추스르고 자손들을 위하여 감사의 기도를 드렸다.

쉰두 번째 이야기

봄맞이

밤이면 자고 날이 밝으면 일어나서 먹고 또 하루 해가 지면 자고 그렇게 나는 살고 있다. 아무 뜻도 없는 생활이지만 모든 일에 순응하고 있다. 먼저가신 분께는 죄스러움을 가슴에 묻고 사는 생활이다. 아파트, 베란다에 몇 개 있는 화분에는 보잘 것 없는 풀꽃이 따스한 봄빛에 제법 윤기를 더해 가고 있다.

삼동三冬을 지나면서 방 한쪽 구석에 먼지를 뒤집어쓰고 돌보지 않는 나를 원망하더니 이제는 제법 화사한 꽃이 피고, 관심 없는 나를 아침이면 웃음으로 맞는다. 겨울 동안 돌봐주지 않았지만 그래도 봄이라고 예쁘게 웃는다. 제몫을 다하는 풀꽃이 대견스럽다.

오랫동안 잊고 있었던 친구를 생각하듯이 나는 모처럼 내가 즐겨 거닐던 천변을 찾았다. 싱그러운 봄바람에 천변은 한껏 화려하다.

툭 트인 들판 저쪽에는 아지랑이가 피어오르고 냇물은 푸른 하늘을 쳐다보면서 속삭이듯이 흘러간다. 천변에 늘어선 벚꽃나무는 나를 기다리다가 지쳐서 눈물 같은 꽃잎을 떨군 지 오래다. 파란 잎사귀는 그런 소식을 전하려고 꽃 대신 돋아났나 보다. 그런 저런 생각에 아쉬운 마음에 나는 천변을 걸으면서 내년 봄에는 꼭 너의 곱고 화사한 모습을 보러 오리라 다짐해 본다. 천변은 언제 와서 봐도 활기차고 아름다운 곳이다.

저 멀리 기차도 넓은 들판을 가로지르면서 봄 여행을 즐기고 고속도로, 국도는 무슨 일이 그리도 바쁜지 앞만 보고 달리는 차들로 잠시도 숨 쉴 틈이 없다. 옛날처럼 봄 햇살을 듬뿍 쪼이면서 풀을 뜯는 황소는 보이지 않지만 요란한 경운기 소리에 밭갈이하는 농부들의 구슬땀이 봄을 무르익게 한다. 하늘에는 빛바랜 반달은 보이지 않지만 멀리 황악산에서 날아온 눈처럼 흰 황새가 짝을 지어서 한가로이 날아간다. 황새가 새끼를 까서 키우는 것도 봄철이다. 지는 꽃이 있으면 피는 꽃도 있다. 봄꽃은 다투어 핀다. 특히 요염하게 예쁜 복숭아꽃은 야산과 과수원을 저녁노을처럼 아름답게 물들인다.

사람들은 그런 꽃향기에 취해서 봄을 노래하고 봄을 찬양한다. 봄은 참 좋은 계절이다. 삼라만상이 소생하는 계절이다. 따뜻한 봄 햇살에 슬픔을 멀리 보내고 봄을 맞이하자.

쉰세 번째 이야기

봄비

밤새 뒤척이다가 잠이 든 나는 새벽녘에 문득 잠에서 깼다. 옥상에서 홈통을 타고 내리는 빗소리에 잠이 깬 것이다. 날아갈 듯한 기와지붕 처마 끝에서 떨어지는 빗소리든지 어깨를 마주대고 정답게 떨어지는 초가지붕에서 소리도 없이 흘러내리는 낙수 소리라면 새벽녘에 단잠을 깨운 것을 나는 고마워했을 것이다.

불을 켜고 시계를 보니 새벽 4시가 조금 지났다. 베란다 유리창을 열고 창밖을 내다보면 어둠 속에 희미한 가로등을 등에 업고 제법 굵은 비가 내리고 있다. 봄비 치고는 조금은 거센 빗줄기다. 사위는 고요하고 나만 깨어 있나 보다. 멀리 서쪽의 황악산의 봉우리는 비안개에 묻혀 보이지 않고 오직 어둠뿐이다. 저 산 기슭에 잠들어 계시는 부모님 그리고 남편께 새벽 문안을 드렸다. 그 옛날 주택에서 살 때는 새벽에 빗소리라도 들리면 황망히 일어나서 비설거지에 부산했을 텐데 지금은 빨래를 걷을 필요도 없고 신발을 들여놓을 일도 없다. 그래서 아파트가 편한가 보다. 시멘트 바닥에 화살 같이 날아드는 빗살을 희미한 가로등에 비추어 보면서 나는 미련 없이 베란다 창문을 닫는다. 눈을 감고 누워서 다시 한 번 빗소리를 듣는다.

아파트로 와서 살기 전, 옛날 살던 마당 너른 집에는 마당 안 처마 옆 감나무 잎사귀에 떨어지는 빗소리가 유난히 크게 들렸다. 바람이라도 불면 후두둑 소리를 내면서 떨어진다. 장독대의 빈 항아리에는 어느새 맑은 빗물이 거울같이 찰랑인다. 미처 들여놓지 못한 아이들의 운동화는 서둘러 부뚜막에서 말리고 내 젖은 옷은 돌 볼 사이도 없다. 물받이를 타고 내리는 빗물은 더러운 마당을 깨끗이 청소하고 꽃나무 잎은 단비를 맞으면서 기쁨의 춤을 춘다.

봄비, 비가 오는 것 같지도 않게 눈에 보이지도 않는 봄비는 부슬부슬 촉촉이 내린다. 마당의 바지랑 장대에 쳐 놓은 빨랫줄에는 은구슬 옥구슬이 조르르 나란히 매달리고 쳐다보면 볼수록 영롱한 빛과 예쁜 모양에 눈을 뗄 수가 없다. 추적추적 내리는 봄비는 소리도 없이 다가오는 은혜로운 봄의 선물이다. 그 비로 인해서 꽃도 피고 잎도 핀다. 만물이 소생하고 봄을 노래한다.

향기로운 봄밤에 듣는 봄비 오는 소리는 정말 정답고 마음마저 풍요롭게 한다. 자장가처럼 보슬보슬 내리는 봄비 소리는 아랫목에 누워서 낮잠 자기에 알맞다.

제5부

세상에게 말 붙이기

쉰네 번째 이야기

강한 여자 강한 엄마

동서고금을 막론하고 여자는 약하고 어머니는 강하다고 말해왔다. 지금은 여자들이 약하기는커녕 많이 굳세고 드세어졌다. '약한 자여, 너의 이름은 여자'라 했던가. 아니다. '강한 자여, 너의 이름은 여자다'라고 바꾸어야 할 것 같다. 가정에서나 사회에서나 여자의 위치는 견고하고 확실하다. 그만큼 자기 능력이 뛰어나고 경제적으로도 자신이 있기 때문이라 생각한다.

옛날이야 어디 그런가. 대다수의 여자들이 능력으로나 경제적으로나 오직 남편에 의지해서 살아왔다. 그러니 어디 큰 소리 한 번 칠 수도 없고 그저 자기가 맡은 일을 열심이 하면서 살아간다. 성인 군자도 시대와 시류를 따른다고 했다. 세상이 급속히 달라져가니 따라서 변할 수밖에 없다.

여자들이 자기 능력대로 발전하고 생활력을 키워나가는 것은 정말 높이 평가할 일이라고 나는 생각한다. 삼종지도三從之道라는 굴레에서 벗어나서 마음껏 나래를 펴고 비상하는 것은 정말로 아름답다. 구시대를 살아온 나는 지금의 세상과 여자들의 잘난 모습이 더 없이 자랑스럽다. 옛날에는 생각지도 못한 그런 대단한 자리에서 여자들이 눈부신 활동력을 발휘하는 모습은 경이로움마저 느낀다.

전업주부의 역할과 가치도 마땅히 새롭게 평가되어야 한다. 최고학부를 나와서 능력이야 누구에게도 뒤지지 않지만, 주부로서의 긍지와 사명감을 가지고 가정을 지키고 자식들을 훌륭하게 기르는 장한 어머니들의 아름답고 숭고함은 돈으로 환산할 수 없는 것이다.

아이들이 학교에서 돌아와서 텅 빈 집에 혼자 돌아왔을 때의 그 공허함은 아이들만의 문제일까? 핵가족시대라 할머니도 안 계시는 이런 사회는 자라나는 아이들에게는 정서불안을 가지고 온다고 생각한다. 집에 있는 엄마의 역할이 아이들에게는 참으로 소중하다.

조손祖孫 할아버지나 할머니와 손자이 함께 사는 집에서는 할머니의 역할도 중요하다. 숙제 안 했다고 엄마에게 야단맞고 학교에 간 아이는 그 날 온 종일 속상하고 우울하다. 선생님 말씀도 건성으로 듣고 친구들과 놀기도 싫고 사소한 일에서도 싸운다. 공부를 마치고 집으로 돌아갈 시간이 되어도 엄마에게 꾸중 듣기가 겁이 나서 귀가 시간이 늦어진다. 귀가 시간이 늦으면 부모는 또 야단치고 그런 일이 쌓이면 엄마도 속상하고 아이도 불안하다.

할머니라도 계시면 야단맞고 학교 가는 아이가 안쓰러워 할머니는 현관까지 쫓아가서 아이 등을 다독이면 '엄마에게 꾸중 듣는 것은 다 너를 위하는 일이다. 마음 풀고 학교에 잘 다녀오라'고 타이르면 아이는 할머니께서 하시는 그 한 마디에 마음은 봄 눈 녹듯이 풀리고 할머니께 인사도 깍듯이 하고 학교에 간다.

할머니가 경우 없이 역성만 드는 것은 교육상 좋지 않지만, 아이의 마음을 풀어주는 것은 할머니께서 꼭 하실 일이라고 생각한다. 옛말에 조손이 벗이라고 했다. 자식을 양육하고 한 가정을 경영하는 일이 얼마나 중요한 일인지 여자들은 깊이 명심해야 한다.

지금 세상에는 여자도 강하고 어머니도 강하다. 자식들을 교육시키는 것도 여자들이요. 가정의 모든 성패도 강한 여자들 손에 달려있다. 여자들이여. 자기들의 소임이 막중한 것을 깊이 깨닫고 최선을 다해주기를 간절히 바란다. 그러나 강한 것만이 능사는 아니다. 너무 강해서 넘치는 것은 모자람만 못하다는 지혜를 살펴보기를 함께 기원한다.

쉰다섯 번째 이야기

시골 오일장

지금이야 세상이 하루가 다르게 발전해서 인생살이가 많이 편리해졌다. 현관문을 나서서 몇 발자국만 나가면 코앞이 슈퍼마켓이요, 대형 할인점이 즐비하다. 시장 통이 아니라도 동네 골목마다 가게에는 물건이 산더미 같이 쌓여있다. 저 많은 물건을 누가 다 사가지고 가는지 나는 그것이 궁금하다. 인구도 많아서 쓰임새도 한이 없겠지만 그 많은 상점들은 과연 돈을 벌고 있는지 내가 오히려 걱정이 된다.

식용품도 그렇지만 옷가게는 얼마나 넘치는지 일류 백화점에는 최고급 옷이 여자들을 손짓한다. 여자 옷 한 벌에 수백만 원을 한단다. 하기야 대다수의 서민들은 그림의 떡이지만 그래도 간간이 상하품을 구별하여서 여자들의 허영심과 과소비를 부추긴다.

나는 백화점 구경을 하면 그 넓은 매장에 놀라고 출구가 어디 있는지를 몰라서 혼자는 깊숙이 들어가지 못하고 입구에서만 맴돌다가 비싼 가격에 놀라고 그만 돌아 나온다. 쇼핑백에다가 물건을 사서 넣고 두 손이 모자랄 정도로 들고 나오는 사람을 보면 저 사람은 오늘 돈을 얼마나 썼을까 하고 나는 생각한다. 좋은 세상임에는 틀림이 없지만 천원 한 장도 아껴 쓰는 사람이 있는 것도 우리는 알아야 한다.

그럴수록 옛날 시골 오일장 풍경이 애잔하다. 옛날 시골에서는 장이 서는 날이 따로 있다. 닷새 간격으로 장이 서서 오일장이라고 한다. 어떤 면소재지는 2일, 7일 또는 3일, 8일 또 다른 면소재지는 5일, 10일 이렇게 각각 다르다. 닷새 만에 돌아오는 장날은 아이들도 기다려진다. 가난한 집 아이들은 구멍이 난 검정 고무신을 버리고 어머니가 새로 사 오실 고무신 생각에 하루의 공부도 건성으로 하고 집으로 달려온다. 내다 팔 물건이 있던 없던 남자들은 장날이 되면 일단은 장에 간다.

오일장은 꼭 물건을 사고파는 데만 그 쓰임이 있는 것이 아니다. 바깥어른께서는 어허 이번 장날에 아무개와 만날 일이 있으니 꼭 가야 한다고 하신다. 지금이야 시골 구석 장에도 다방이 있지만 그 옛날에는 다방이 무엇인지도 모르는 시골 사람들은 주머니에 몇 푼이라도 있으면 막걸리 한 사발을 좌판에 시켜 놓고 친구와 오래간만에 만나서 쌓인 이야기를 한다.

점잖으신 댁 부인들이야 장에 가시지 못하지만 그래도 장날에는 여자들이 곡식 몇 되라도 올망졸망 머리에 이고 그것을 판 몇 푼 안 되는 돈으로 이것저것 생활필수품을 산다. 돌아오는 길에는 자기

배는 허기가 져도 아이들에게 나눠 줄 사탕이며 과자봉지를 사서 들고 온다.

여름에는 뙤약볕에 까맣게 타고 겨울에는 모진 신작로 바람에 사지가 얼어붙는다. 어른들께 드릴 반찬거리도 산다. 하다못해 자반고등어라도 한 손 사야지 장에 갔다가 빈 손으로 올 수는 없었다.

장마당은 볼거리도 많고 먹을 음식도 많다. 쇠전을 돌아가면 광목천으로 가게를 꾸며 놓고 술청이 벌어졌다. 큰 가마솥에는 고깃국이 펄펄 끓고 막걸리 동이가 즐비하다. 모두들 돈은 별로 없지만 막걸리 한 잔에 국밥 한 그릇이면 천하가 내 것 인양 배가 부르다.

옷가게는 나름대로 여자들로 넘쳐나고 옷을 사던 안 사던 여자들은 구경을 꼭 한다. 염색을 해주는 가게에는 큰 가마솥에 검은 물감을 풀고, 명주가 아닌 광목이나 무명필을 염색을 해서 준다. 주로 시골사람이 덮고 자야 하는 이불감이다.

시골장터에서 빼 놓을 수 없는 것은 엿장수다. 부잣집이야, 가마니쌀로 엿을 고아서 일 년을 두고 먹지만, 가난한 사람들이야 그렇게 할 수 없으니 장에 가서 사서 먹는다. 그것도 어쩌다 한 번씩 아이들에게 사다 준다. 엿장수 가위소리와 길게 뽑는 노랫가락은 구경거리가 별로 없는 그 시절에는 한 판 무대가 되고도 남았다. 엿장수 둘레에 모여 있는 사람만 보아도 알 수 있다. 신명이 절로 난 엿장수는 금쪽같은 엿을 가위로 툭 잘라서 아이들에게 조금씩 나눠주면서 다시 길게 목청을 뽑는다.

장날은 점심 때가 최고로 홍청거린다. 어쩌다 여름 한철 홍청거리는 장마당에 소나기라도 한줄기 퍼 부으면 장마당은 그야말로 갈팡질팡 이다. 지금처럼 비닐이 있는 것도 아니고, 물건을 갈무리 하느라고 눈물겨운 씨름을 한다. 그래도 그런 일에 이골이 난 장사꾼들은 잘도 일을 처리한다. 흥건히 비에 젖은 장마당을 처마 밑에서 바라보는 장꾼들은 흙탕물로 범벅이 된 장터를 물끄러미 쳐다보며 아쉬워한다. 그래도 소나기가 지나간 푸른 하늘을 쳐다보면서 아이고, 시원하다. 한 줄기 잘했다. 논에 벼가 잘 자라겠구나 하면서 농부들만이 누리는 기쁨에 한 소리 더하여 다같이 파안대소한다.

장이 서는 날, 포플러 나무가 길게 늘어선 신작로는 남자 여자 장꾼들로 온통 하얗다. 버스라도 한 대 지나가면 흙먼지 속에 사람들이 신기루처럼 떠오른다. 돈도 없고, 별로 꼭 할 일이 있는 것도 아니지마는, 오일장을 농촌사람들은 손꼽아 기다린다.

옛날에 농촌에서는 우스개로 하는 말이 있다. 장날은 촌놈 생일이라고……. 하하하 허허허허. 웃음이 절로 나온다. 오일마다 돌아오는 시골 장날은 그래서 즐겁다.

쉰여섯 번째 이야기

물에 관한 단상 斷想

2002년 8월 말 태풍 루사의 피해는 그 유래를 찾아 볼 수 없을 만큼 막심했다. 특히 내가 살고 있는 김천은 그 피해가 대단했다. 80세를 넘게 살아오신 분들도 난생 처음 겪는 홍수라고 모두들 입을 모았다. 나는 이 피해의 현장을 겪었다.

하루 종일 그리고 밤새 내리는 비와 광풍은 창밖을 내다 볼 때마다 내 마음을 불안하게 했다. 남편이나 다른 식구라도 같이 있었다면, 걱정과 불안한 마음은 덜했겠지만 나는 밤을 새우다시피 혼자 전전긍긍했다.

불안한 밤은 가고, 날이 밝으니 모두들 큰 냇가에 물 구경을 간단다. 아파트 관리실에서는 식수준비를 하라는 방송이 한창이다. 마침 주일날이라서 준비를 하고 거리에 나서니 시내는 흙탕물을 뒤집어쓴 차들이 빽빽이 줄을 서고 있다.

밤새 내가 걱정했던 것 보다 사태는 심각한 것 같았다. 교회를 마치고, 몇몇이서 김천냇가에 가보았다. 냇가에 가는 도중에 길가에는 침수가 되어서, 흙 범벅이 되어있는 상가와 집들의 처참한 모습을 보고 나는 그 무섭고 두려운 광경에 전율을 느꼈다. 철교도 두 동강이 나고, 냇물은 황토 빛으로 굽이치고 있었다.

옛날에는 여름 한 철 장마가 지고 큰 물이 나야 풍년이 든다고 했다. 지금 세상에는 그런 장마는 간 곳이 없고, 비가 왔다하면 사람의 상상을 초월하는 게릴라성 집중호우다. 사람이 물이 없으면 하루도 못 산다. 그 와중에도 우리는 먹을 물이 없어서 고생을 많이 했다.

옛날부터 물과 불은 원수가 없다고 했다. 생명의 근원은 물이다. 울창한 숲도, 아름다운 꽃도, 우주만물이 물이 아니면 어떻게 생존할 것인가. 아름다운 꽃 한 송이도 그 근원은 물이 아니면 피어날 수 없다. 인간이나 동물이나 어머니의 젖줄로 자란다. 물은 모든 생명의 젖줄이다. 맑고 깨끗한 물도 사람이 만든다.

부드럽고 순종하는 물은 사람이 담는 그릇에 따라 형태도 변한다. 둥근 그릇에 담으면 둥글고, 네모난 그릇에 담으면 네모로 변한다. 하늘에서 떨어지는 한 방울의 물은 험한 계곡을 흘러내릴 때도 바위가 버티고 막으면 먼 길을 돌아 굽이쳐 흐른다. 그렇게 부드러운 물도 한번 노호하면 바위도 뚫고 천지를 개벽하는 무서운 힘을 갖고 있다. 그야말로 외유내강이다.

나는 조용히 소리도 없이 추적추적 내리는 봄비가 참 좋다. 얼었던 대지를 녹이고 만물을 소생시키는 봄 비. 그 봄비는 그야말로 하늘의 축복이다. 그 축복의 봄비가 아니면 우리는 어떻게 봄을 노래할 것인가.

이른 아침, 숲 속의 오솔길을 따라 걸으면 풀잎에 맺힌 이슬은 영롱하게 빛나는 보석이다. 풀 섶의 이슬을 밟으면서 길을 걷노라면, 영롱한 이슬에 마음은 향기롭고 하루의 시작이 아름답고 즐겁다. 마을 앞 조그만 도랑가에는 이른 봄 버들강아지가 눈을 뜨고 깊은 산골에서 흘러내리는 옥수는 얼마나 맑고 깨끗한가. 때로는 빨래를 하면서 그 도랑가에서 봄을 맞고 봄을 보낸다. 유수 같은 세월의 진리를, 그리고 만나고 헤어짐의 아쉬움을 그 맑은 물에서 배운다.

> 산은 옛 산 이로되 물은 옛 물이 아니로다.
> 주야로 흐르거든 옛 물이 있을손가.
> 인걸도 물과 같아 가고 아니 오는구나.

나는 늙어가면서 황진이의 이 시조 한 구절이 너무나 가슴을 때린다. 물에 부드러움과 강함을 우리는 생활에서 배운다. 동시에 삼라산상의 변화유전과 그 속에 숨어 있는 커다란 질서와 섭리를 배운다.

쉰일곱 번째 이야기

마지막 한 장의 달력

열두 장 달력이 이제 달랑 한 장 남았다. 바람이 휘익 불어도, 골목을 불어가는 바람이 낙엽을 휘몰아 가면 가슴속에 시리고 구멍이 펑 뚫린 것 같이 마음이 스산하다. 세월이 너무 빨리 간다. 하루, 이틀, 사흘, 나흘, 닷새, 엿새, 한 달, 두 달, 석 달, 넉 달, 매인 데 없는 세월은 잘도 간다. 벽에 걸린 마지막 한 장의 달력을 바라보면서 연초의 새 달력을 펼칠 때 손끝에 느끼던 그 새로운 감촉과 새로운 마음을 반추해 본다.

제일 먼저 음력설은 양력 몇 월 며칠인지 또 추석은 언제인지, 다음은 우리 아이들의 생일과 자손들의 생일, 그리고 내 생일. 가신 분들의 기일은 언제, 무슨 요일인지. 우선 그렇게 달력 한 장 한 장을 넘기면서 기쁘기도 하고 슬프기도 한다. 달력 속에는 국가적인 기념일도 있지만 세계의 역사와 우리의 역사도 빠짐없이 들어있다. 시계

바늘을 거꾸로 되돌려서 그때 그 시절을 상기하고 추억에도 잠긴다. 기쁜 일, 슬픈 일, 억울한 일들이 수 없이 많아서 이루 다 헤아릴 수가 없다.

개인의 역사도 그러한데 국가의 역사는 말할 것도 없다. 그 엄청난 역사를 배우면서 한 장의 달력으로 우리는 또 새로운 역사를 창조한다. 흰 종이에 숫자만 찍혀 있지만, 그 달력 속에는 해와 달이 그리고 인류의 역사가 빼곡히 적혀있다. 그 유구한 세월 속에 나의 인생은 점 하나에 불과하지만, 내게는 소중하고 길고 긴 인생이었다.

세월이 많이도 흘러서 내가 70을 넘긴 할머니가 되었다. 인생이 무상하고 살아온 그 세월이 애달프기도 하지만 그 세월 속에는 기쁨도 많았다. 자식들이 태어나면서 자라면서, 예쁜 모습과 재롱으로 그때 벌써 부모의 마음을 기쁘게 하고 효도를 다했다고 나는 생각한다.

인생은 힘들기도 하고 괴롭기도 하지만 기쁨과 즐거움도 하나님이 고루고루 주셨다. 한평생을 산 것만으로도 감사하다. 흐르는 세월을, 인생의 무상함을 슬퍼하지 말고, 애달퍼 하지 말자. 열심히 그토록 값지게 살았으면 그것이 최고의 삶의 값어치라고 나는 생각한다. 한 장의 달력이지만 그 무게는 삶의 무게만큼이나 무겁다. 하루가 쌓이고 쌓여서 또 한 해가 저문다. 오늘 시간은 더디게 오는 것 같지만 가는 세월은 화살과 같이 빠르다. 새 달력을 펼쳐들고 남편과 손가락 끝으로 짚어 내려가던 뜻있는 날을 추억해 보며 올해도 마지막 한 장의 달력을 바라본다. 마지막 남은 한 장의 달력, 볼수록 새롭다.

쉰여덟 번째 이야기

욕심이 없는 돼지

내가 40대 중반을 넘을 때 그러니까 1974-1978년 사이의 일이다. 남편의 박봉에 아이들을 가르치고 기르느라고 우리는 아무리 절약생활을 해도 생활이 빠듯했다. 십 원 한 장을 벌어보지 못한 나는 돈 안 쓰는 게 최상이다라고 생각하고 옆도 돌아보지 않고 살았다.

그 시절 전국 도처에서 불어오는 국내 관광 열풍은 치마 두른 여자라면 일 년에 봄, 가을 좋은 날씨에 누구든지 한두 번 다녀오게 했다. 계모임으로도 가고 친한 친구끼리도 간다. 지금처럼 규모가 크지는 않지만 그래도 모두 즐거운 하루를 놀고 온다. 집안에서 세월을 보내는 나는 그런 일은 꿈에도 생각해 본 적이 없다. 어쩌다 옛날 친구가 와서 같이 가자고 권하지만 그때마다 나는 그저 웃음으로 대답을 대신한다.

남편이 숙직이라도 가고 안 계시면 아이들과 밤을 보낸다. 우리 집 근처에는 엿 공장이 있어서 새벽 2시쯤 되면 엿을 만드느라고 작업장에 불을 붙이고 작업을 한다. 아침에 싸래기를 씻어서 엿기름에 삭히면 새벽에 엿을 만든다. 어쩌다 지나다보면 엿 공장 하수구에서 싸래기 씻은 뽀얀 쌀뜨물이 콸콸 쏟아져 나온다.

동네 여자들은 너도 나도 그 뜨물을 받아간다. 그들 가운데 아는 분이 있어서 물어보았다.

"아주머니 그 뜨물을 가지고 가서 무엇을 하나요?"

그랬더니 그 여자는 돼지를 먹인다고 했다. 그러고 보니 뜨물을 바가지로 갖다 나르고 물지게로 나르는 이유를 알겠다.

나는 그 아주머니를 따라서 그 집에 가 보았다. 본채 집 뒤로 돼지 우리를 여러 개 칸칸이 짓고 돼지를 너 댓 마리 사육하고 있었다. 새끼 돼지도 있고 중돼지도 있었다. 깨끗한 쌀뜨물을 부어주니까 돼지들은 잘도 먹는다. 한 우리에 두 마리씩 서로 다투면서 먹어 댄다.

그 아주머니는 말하기를 새끼를 여섯 달만 키우면 90kg 정도로 자라는데, 새끼돼지를 사오천 원 주고 사다가 여섯 달만 잘 기르면 그때 돈으로 12만원 내지 13만원은 받는다고 했다. 사료도 사서 먹이지만 쌀뜨물도 잘 먹기 때문에 키우는 데 도움이 많이 된다고 했다. 다행히 오일장에는 전국에서도 유명한 우시장이 우리 고장에 선다. 거기 가보면 소, 돼지가 넓은 마당 가득이 있다.

그날 밤 나는 남편에게 이야기하면서 엿 공장이 코앞에 있으니 돼지 새끼 두 마리만 사자고 했다. 남편께서는 해보지도 않는 그런 일을 어떻게 하느냐면서 안 된다고 하신다. 그래도 나는 자꾸만 졸랐다. 그렇게 해서 나는 돼지 새끼를 기르게 되었다. 한 마리를 사다 놓으면 자꾸만 우리에서 튀어 나오고 잘 먹지도 않는다. 그래서 꼭 두 마리를 길러야 한다.

동물이지만 잘 돌봐야 하고 성심으로 거두어야 한다. 때맞추어 예방 주사도 놓아야 하고 우리도 깨끗하게 청소를 해야 한다. 남편과 나 그리고 아이들도 청소도 하고 거들고 해서 일 년에 두 번 목돈을 만질 수 있었다. 나는 그렇게 몇 년을 돼지를 사육하면서 돼지라는 동물을 관찰 할 수 있었다.

처음 어미젖을 떨어진 돼지 새끼는 기를 쓰고 우리를 튀어 나온다. 죽도 먹지 않고 내 속을 태운다. 두 마리를 사다 놓으면 서로 먹으려고 으르렁거리면서도 사이좋게 잘 먹는다. 잠을 잘 때도 두 마리가 꼭 붙어서 잔다. 더우면 떨어져서 자고 배설은 꼭 한 쪽 구석에 가서 본다. 그뿐이 아니다. 누워도 깨끗한 데 가서 눕고 몸이 가려우면 억센 시멘트벽에 등을 문지른다. 잡식동물이라 아무거나 잘 먹는다. 동물이지만 자기 몸 간수를 잘 한다. 채소도 먹어야 하기 때문에 배추, 무 잎도 썰어서 준다. 그렇게 잘 거두어 먹이면 까만 털이 윤이 흐른다. 동물이지만 더우면 병이 나기 때문에 돈사에 물도 뿌려준다. 추우면 돼지는 잘 크지 않기 때문에 쌀뜨물을 뜨뜻하게 데우고 거기다가 사료를 섞어 주면 김이 무럭무럭 나는 쌀뜨물을 죽죽 잘도 마신다.

한 가지도 수월한 게 없다. 돼지 몇 마리를 사육하는 데도 얼마나 많은 공을 들여야 하는지 모른다. 조금만 소홀히 하면 돼지가 병이 들고 탈이 난다. 돼지를 사육하다 보면 돼지하고 정이 들어서, 돈을 떠나서 조석으로 보살피고 쓰다듬어 준다.

배가 부르면 먹을 것을 가지고 가도 일어나지도 않는다. 흔히들 돼지를 욕심이 많다고 한다. 그러나 그렇지 않다. 돼지는 자기 배가 부르면 세상없이 좋은 먹이를 주어도 먹기는커녕 거들떠 보지도 않는다. 누워서 눈을 멀건이 뜨고 욕심 많은 사람을 비웃는다. 욕심이 끝이 없는 것은 사람들이다.

아침에 자고 나면 나는 돼지우리를 둘러보러 간다. 돼지는 한달음에 일어나서 배가 고프다고 꽥꽥 소리를 지른다. 배가 고프면 먹고 배가 부르면 절대로 욕심이 없는 것이 돼지다. 6, 7개월을 내 손에서 자란 돼지는 새 주인을 따라서 팔려 갈 때 나는 너무 서운해서 등을 쓰다듬어 주면 돼지도 그 순한 눈으로 나를 바라본다.

쉰아홉 번째 이야기

단상에서

내가 세상에 태어나서 초등학교에 입학을 하던 날 처음으로 단상에 서서 훈화를 하시는 교장 선생님을 쳐다보았다. 나와 여러 친구들은 단상이 아니라 단하에 서서 고개를 치켜들고 교장 선생님의 말씀을 경청했다. 교실에 들어가면 역시 선생님은 단상이고 우리 학생들은 단하에 앉아서 공부를 한다. 학교생활뿐이랴. 무슨 대회, 무슨 모임, 무슨 기념식 등등 행사 때마다 내 자리는 언제나 단하다. 하잘 것 없는 반상회를 가도 내 자리는 단하다.

사람이 한 평생을 사노라면 첫째 출세를 하고 남보다 출중해야 단상에 설 수 있다. 나는 평생을 살아오면서 무슨 모임에 가던지 단하에 있었다. 단상에서 단하를 굽어보면서 말씀하는 사람을 훌륭한 사람이라고 생각한다.

그러고 보니 우리 집에도 단상에 서 있는 사람이 있다. 남편도 선생님이고 큰 아이도 교수님이고 둘째도, 셋째도, 넷째도 각기 자신의 단상을 만들어 가고 있는 것 같다. 따지고 보면 단상이나 단하나 사람이 만든 자리임에는 틀림이 없다. 하나님이 보실 때면 똑같은 자리다. 그러나 세상의 잣대로 보면 단상은 참 좋은 자리다.

높이 나는 새가 더 먼 곳을 본다 했던가. 단상에서 보는 세상이 더 넓으리라 생각한다. 평생을 단상에 한 번 올라가보지 못한 나도 단상에 꼭 한 번 올라가 본 적이 있다.

우리 셋째가 군대에 있을 때 빛나는 별을 어깨에 달던 날이다. 부모님은 단상에 오르십시오. 하는 사회자의 말에 나는 그 빛나는 별을 내 가슴 속에 안고 난생 처음으로 단상에 서서 단하를 내려다보았다. 기라성 같이 도열해 서 있는 장병들 그리고 귀가 울릴 만큼 웅장한 군악대의 연주 소리, 많은 축하객들의 박수 소리…….

내가 훌륭해서 단상에 서 있는 것도 아닌데 나는 단상에 섰다. 단하의 모든 사람이 나를 쳐다보는 것 같다. 나는 기쁨에 가슴이 뛰고 눈에는 감사의 눈물이 고인다.

예순 번째 이야기

저녁노을의 행복

사람이 이 세상에 태어나면서부터 생을 마감하는 그 날 까지 오직 바라고 추구하는 것이 행복이다. 그러나 그 행복은 아무에게나, 어디서나 손에 들어오는 것은 아니다. 자기에게 주어진 인생을 열심이 살아야 한다. 힘들면 힘 드는 대로 역경을 이겨야 하고 노력과 인내로 최선을 다하는 사람만이 그 행복을 누릴 수 있다.

행복이 무엇인지 어디에 있는지 사람들은 그저 막연하게 쫓고 있다. 한평생을 살아가면서 날마다 달마다 행복할 순 없다. 고해苦海 같은 인생살이라 했는데 그렇게 행복하면 그것은 행복이 아니다. 심란하고 힘든 생활에 잠시 반짝하고 찾아오는 행복, 이렇게 기쁠 수가 이렇게 좋을 수가 하면서 가족들과 친지들의 축복과 부러움을 받을 때 그 행복감이 정말 행복인 것이다. 행복은 순간에 있다. 그런 행복의 순간들이 많을수록 그 사람은 행복한 사람이다.

중천에 높이 뜬 밝은 달을 바라보면서 마음에 기쁨이 충만하면 그도 또한 행복이다. 밝은 달빛을 오감으로 느낄 수 있으니까. 행복은 멀리 있는 것이 아니라고 배웠다. 모든 것은 자기가 생각하기에 달려 있다.

앞날이 창창한 젊은 사람들이야 한 순간인들 소홀히 할 수 없다. 높고 푸른 하늘만큼이나 당당하게, 도도히 흐르는 강물처럼 힘차게 순간의 행복을 위하여, 아니 영원한 행복을 위하여 뒤돌아보지 말고 매진해야 한다.

기쁨도 슬픔도 다 겪고 순리대로 살아온 우리들 노인들이야 이제 더 바랄 게 없다. 젊은 사람들의 힘찬 행진에 박수쳐 주고 무궁한 앞날의 발전을 위하여 기도하고 그들의 앞날을 축복해 주면 된다. 내리사랑의 기쁨과 아름다움이 여기에 있다.

곱게 물든 저녁 노을처럼 아름다운 말년을 스스로 마음에 만들어 가리라 생각한다. 그리고 후회 없이 열심이 살아온 인생을 저물어 가는 노을을 벗 삼아 소중하고 값지게 마감하는 것이다. 값진 노력만이 순간의 행복을 차곡차곡 쌓아갈 것이다.

예순한 번째 이야기

꿈 타령

엄마, 어젯밤에 꿈꾸다가 높은 데서 떨어졌어요. 그래, 그런 꿈을 꾸면 키가 큰단다. 엄마, 나는 무서운 꿈을 꿨어요. 에이그, 아이들 꿈은 모두 개꿈이란다. 그렇게 어른, 아이 할 것 없이 모여 앉으면 꿈 이야기를 한다. 따뜻한 아랫목에 둘러 앉아 아는 체 하면서 꿈 해몽을 한다. 옆에서 듣고 계시던 할머니는 그냥 가만히 계시면 좋으련만 맞다 틀렸다 하시면서 참견을 하신다.

꿈이란 본래 허황된 것이지만 그렇다고 아주 신빙성이 없는 것도 아니다. 옛말에 '마음에 있으면 꿈에도 있다' 하지 않았던가. 사람들은 흉몽을 꾸어도 애써 좋은 쪽으로 해석한다. 꿈보다 해몽이 좋다고 하였다. 모든 일은 생각하기 나름이다. 그래도 예로부터 전해져 내려오는 해몽법이 있다.

꿈속에서 보는 사물은 붉은색은 아들, 푸른색은 딸로 해석하였다.

삼베를 보면 집안에 초상이 나고, 탁류를 건너면 우환이 있다 했다. 그뿐이랴. 맑고 깨끗한 물은 먹을 것이 생긴다고 했다. 천하가 다 아는 바와 같이 돼지꿈을 꾸면 재물이 생긴다 했다.

용꿈은 높고 귀하게 될 운세를 나타낸다 했다. 붉고 굵은 뱀은 아들, 검고 푸른 뱀은 딸이다. 눈부시게 빛나는 금패물은 그 아들이 자라서 입신양명하는 꿈이다. 종이돈은 근심, 동전은 기쁨이다. 훨훨 타는 불꽃은 부자가 되는 꿈이란다. 가마타고 시집을 가면 죽을 꿈. 상여가 동네에 들어오면 마을에 홍역이 창궐한다고 했다. 꿈에 타인이 싸우는 것을 보면 내가 싸운다고 풀이했다.

꿈은 반대로 나타난다는 설이 있다. 지방마다, 고을마다, 꿈 이야기도 많고 해몽도 구구하지만, 잠잘 때는 누구든지 꿈을 꾼다. 길몽이거나 흉몽이거나 그것은 자기가 생각하기 나름이다. 오늘 밤도 좋은 꿈을 꾸자. 두서없이 적어보는 허황된 꿈 타령이다. 믿거나 말거나.

예순두 번째 이야기

환희

한평생을 사는 동안 누구나 기쁜 일을 만나면 삼라만상 모두가 쳐다보기만 해도 즐겁다. 유장하게 흐르는 강물은 기쁨으로 출렁이고 푸른 하늘, 높은 봉우리는 기쁨으로 출발한다. 눈빛과 얼굴은 해와 달 같이 빛난다. 아이들을 기르고 가르치면서 그들로 인하여 겪은 기쁨은 어디에도 비교할 수 없다. 내가 살아온 평생은 오직 아이들이 안겨다 주는 기쁨으로 충만하고 생의 보람을 느끼면서 살아왔다.

집안 대소사의 경사스러운 일도 많고, 이웃과 더불어 기쁨과 즐거움을 같이 한 것도 헤아릴 수 없이 많다. 누구나 괴롭고 힘들지만 그래도 인생이란 그런 즐겁고 기쁜 일을 맞으면서 생의 보람을 느낀다. 고해苦海 같은 인생이라 하지만 꼭 그런 것만은 아니다. 양지와 음지가 있듯이 기쁜 일이 더 많을 것이라고 나는 생각한다.

6월의 훈풍이 보리 이랑을 애무하고 아름다운 봄꽃들이 다투어 피고 지면서 산과 들은 보기만 해도 시원하고 어스름한 연초록색으로 계절의 단장을 새롭게 한다. 천년 사찰의 풍경소리가 은은하고 단청이 화려한 처마 끝은 보는 이로 하여금 잠시나마 속세를 잊게 한다. 계곡의 흐르는 물소리는 또 얼마나 청아한지 듣는 이로 하여금 흐르는 물길을 따라 끝없이 동무하고 싶다.

경치 좋은 직지사 계곡, 오늘 나를 위한 연회장에는 오늘 따라 청명한 날씨에 많은 하객들이 모여든다. 할아버지, 할머니, 젊은 남녀들 그리고 수많은 꽃다발. 잠시 보기만 해도 나는 가슴이 뛰고 눈이 어지럽다. 이 많은 하객과 꽃다발이 나를 위해 모인 것을 생각하면 절로 하나님께 감사함과 그리고 자식들과 자부들의 배려와 사랑에 눈시울이 뜨거워진다.

오늘은 나의 보잘 것 없는 글을 출판하는 기념일이다. 오늘의 이 기쁨이 있기 까지 우리 큰아들의 수고가 많았다. 그림을 그려준 둘째 아들 셋째, 넷째 물심양면으로 합심하여 도와준 그들에게 나는 어미 노릇도 변변히 못하면서 정말 고맙고 그들에게 하나님의 축복이 함께 하시기를 다시 한번 기원한다.

아름다운 꽃에 묻히고 많은 하객들의 축하를 받으면서 사랑하는 아들들과 자부들 그리고 자녀 손들의 예쁜 모습과 기쁨이 충만한 웃음 소리에 나의 마음은 기쁨이 창일한다. 나는 그들을 거느리고 연회장에 입장을 했다. 우뢰와 같은 박수 소리에 나는 넋을 잃고 보잘 것 없는 나를 위해 오신 손님 여러분께 감사의 답례를 했다. 오늘의 이 기쁨이 어찌 나의 힘으로 이루어 졌겠는가. 하나님의 은총이요 가족들의 사랑이 있었기에 이루어진 것이다.

식사하시는 하객들에게 일일이 인사드리고 또 남편의 제자들에게 더 없는 애정으로 접대를 했다. 나에게 이런 기쁜 날이 있다니. 꿈만 같다. 평생을 사는 동안 단상에 서서 인사한 것도 처음이요. 많은 하객들 앞에 서보는 것도 처음이다. 옛 친구들과 친지들과 사진도 찍고 회포도 풀었다. 오늘 이 시간이 영원하기를 철없는 아이처럼 빌어 본다.

나의 생애의 처음 느껴보는 환희. 환희, 환희. 문득 앞자리를 바라보니 하늘나라에 가 계신 남편께서 나를 보고 있는 듯하다. 얼굴 가득이 웃음을 띠시고 남편은 나를 바라보고 계신다. 아무 말씀도 없이 그저 바라보고만 계신다. 나는 혼자 가만히 마음속으로 불러 본다.

여보, 당신께서 계셨으면 더 좋았을 것을. 나도 모르게 저려 오는 이 가슴을 어쩌랴.

: 2002년 6월 29일 나의 산문집 〈돌아보면 뒤 부르는 소리 있어〉의 출판기념회가 직지사 파크호텔에서 열렸었다.

예순세 번째 이야기

장량의 무덤

신록이 우거진 오월의 싱그러운 바람을 양어깨로 가르면서 우리 일행은 숫돌같이 단단하고 매끄러운 돌계단을 한발 한발 힘겹게 오른다. 경사가 급한 것은 아니지만 완만한 경사도 끝없이 휘돌아 오르니, 여자들은 조금 힘이 든다.

여기가 어디냐. 중국 여행이라면 빼놓을 수 없는 그 유명한 장가계다. 옛날 중국 고사에 조선의 금강산을 보지 않고는 천하의 아름다움을 말하지 말라는 말이 있다고 나는 들었다. 나는 아직 금강산을 가서 보지는 못했지만 여기 장가계라는 곳을 와서 보고는 그 웅장함과 기기묘묘한 하늘을 찌를 듯이 솟아오른 바위기둥들을 보고 입을 다물지 못했다.

안내원은 말한다. 손바닥으로 자기 턱을 받치고 구경하란다. 굽이굽이를 돌 때마다 그 장관에 입을 벌리고 감탄사를 연발하다 턱이 빠진단다. 농담으로 하는 소리지만, 정말 감탄사가 절로 나온다. 여기저기서 '야— 에헤헤—' 여러 관광객이 연발하는 소리는 골짜기마다 메아리친다. 천 길 낭떠러지기 아래로.

필설로 다 할 수 없는 장관은 가히 사람을 압도한다. 3억 8000년 전에는 여기가 바다였다고 한다. 상전벽해桑田碧海라 했던가. 그러나 여기는 아니다. 바다가 변해서 이 광활한 곳에 청산과 돌기둥과 바위가 어우러져서 장관을 이루고 사람의 넋을 빼앗고 있다. 그 경이로움에 나는 여기가 신선이 노니는 곳이라고 내 마음으로 정했다.

바위산을 뚫고, 수백 미터를 수직으로 올라가는 엘리베이터를 타고 정상에 올라가서 내려다보는 장가계는 눈 닿는 곳이 설해요, 운해이다. 그 운해를 뚫고 치솟은 거대한 바위기둥들이 장관이다. 케이블카도 타고 모노레일을 타고 정상에서 골짜기를 구경하고 고산의 옆구리를 구경하면서, 나는 며칠 동안 신선놀음을 했다. 정말 잊지 못할 체험이었다.

빨간 옷의 원주민 토가족 처녀들의 아름다운 가무는 우리를 황홀하게 하고, 또 그녀들은 우리나라 노래도 잘 불렀다. 길 양쪽에 늘어선 가게에서는 우리 돈 천원이면 무엇이든지 살 수 있다. 토가족은 장례 때 축하의 의식을 한다고 한다. 한 평생 잘 살다가 간다고 그렇단다.

장가계는 토가족의 세상이다. 물건을 파는 사람도, 춤과 노래로 돈을 버는 사람도 토가족이다. 토가족은 체구가 조그맣지만 생활력은 대단해서 장가계가 세상에 알려지고 나서 토가족의 위세가 당당하다고 안내원은 말한다.

유방의 일등공신 장량張良은 한신韓信이 죽임을 당하는 것을 보고 세상의 부귀영화를 버리고 신선이 되어서 간 곳이 여기 장가계란다. 여러 곳을 두루 구경하고 마지막 날 토가족의 전통가무를 보러갔다.

무심한 사람들은 그냥 지나치지만 나는 둥글고 넓적한 돌에 장량지묘張良之墓라고 쓰여 있는 무덤 하나를 보았다. 그것도 산기슭이 아니라, 많은 사람들이 오가는 길섶이다. 발을 멈추고 나는 그 돌무덤을 카메라에 담고 두 손으로 쓸어보았다.

시공을 뛰어넘어 나의 상념의 나래는 아득한 옛날로 거슬러 날아간다. 책을 많이 읽어 보지는 아니했지만 장량과 한신에 얽힌 이야기는 많다. 너무 출세를 탐하던 한신은 왕에게 죽임을 당하고 세상사 허무함을 깨달은 장량은 이 험한 곳에 몸을 숨기고 신선 같은 생활을 했으니, 인생사 마음을 비우고 신선같이 살았으면 얼마나 좋을까.

장량이시여, 토가족의 아름다운 가무소리가 들리는지요. 수많은 사람들이 당신 곁을 거들떠보지도 아니하고 무심히 지나치는 것을 서러워하지는 않는지요? 수많은 그 발자국소리를 듣기나 하는지요? 장량, 그대의 입신양명과 부귀영화는 한마당 꿈이었던가요? 천하를 주름잡고 호령하던 그대의 기개는 간 곳이 없군요. 오호 통재라, 그대 만고의 영웅호걸 장량이 여기 외진 곳에 영겁을 깊이 잠들어 있군요.

나의 가슴 깊은 곳에서 알 수 없는 회한과 시린 바람이 청산과 백운을 타고 오월의 훈풍을 따라 푸른 하늘로 표표히飄飄 날아간다.

나는 여러 날을 이국의 낯선 풍경과 경이롭고 아름다운 풍광에 취하여 피곤한 줄도, 시간가는 줄도 모르고 구경을 했다. 밤이면 피곤함에 아주 달고 곤하게 잠을 잘 잘 수 있었다. 그러나 장량의 외로운 무덤을 보고서 그날 밤은 뜻 모를 상념과 무상한 인간사가 서럽고 부질없어 밤늦게 까지 잠들지 못했다.

예순네 번째 이야기

한복이 좋아요

1970년도 초반, 우리 여자들은 활동하기에 불편하고 거추장스러운 한복을 미련 없이 훌훌 벗어던지고 간편한 바지와 티셔츠 차림으로 평상복이 바뀌었다. 얼마나 홀가분하고 좋은지 모른다. 신발도 구두로 변했다. 이제는 촌스러움도 없고 농촌이나 도시나 여자들은 생기가 넘친다. 어쩌다 집안 대소가의 결혼식에라도 가게 되면, 그때서야 옷장 깊숙이 넣어두었던 한복을 다려 입고 간다. 거리에는 차츰 한복 입은 사람의 자취는 사라지고 TV사극 속에서만 볼 수 있다.

결혼한 신랑 신부들의 곱고 화려한 한복은 예복으로 바꾸고 설날 세배할 때 어린아이들의 때때옷은 한복의 아름답고 화려한 멋을 한껏 뽐낸다. 아가들의 색동저고리는 눈이 부시다.

1940~1950년대 까지만 해도 한복 의상을 어디서나 쉽사리 볼 수 있었다. 처녀들의 까만 통치마와 하얀 옥양목적삼은 화려하지는

아니해도 그 조촐하고 청순한 아름다움은 누가 보아도 아름다웠다.

시집온 새색시는 다홍치마, 노란 저고리에 눈 같이 하얀 앞치마를 두르고 섬돌이나 부엌에 나온다. 그 모습을 보면 우중충한 초가집도 눈부시게 밝고 새색시에 등 뒤에서도 후광마저 빛난다. 규모있는 집의 육간 대청마루에 첫 새벽에 일어나 한복을 곱게 차려입은 새색시가 시부모님께 아침 문안이라도 드리려고 사뿐 맵시 있게 걸어가는 모습은 선녀가 따로 없다.

한복의 아름답고 고운 모습은 언제 보아도 신비롭다. 우리 조상들의 슬기와 멋이 살아 숨 쉬는 한복은 세계 어디에 내놓아도 손색이 없다. 패션쇼를 한다고 반라의 여인들이 너덜거리는 옷매무새에 휘청거리는 걸음걸이로 무대가 좁다고 거니는 모습에 박수갈채를 보내는 사람들도 있지만, 단아하고 화려한 우리 한복이 나는 더 좋다.

한복이 일상생활에는 거추장스럽고 불편하지만 그럴수록 몸가짐이 조신해지고 행동거지가 들고 날 때 더욱 삼가게 되고 우아하고 정숙한 멋이 은은하게 풍긴다. 우리 한국의 여인들의 영원한 아름다움을 빛낼 한복은 보는 이의 눈을 즐겁게 하고 아름다운 환상에 빠지게 한다. 봄바람에 휘날리는 연분홍치마가 만들어 내는 우리의 아름다운 선이 구름따라 봄 하늘로 높이 높이 무지개처럼 피어오른다.

예순다섯 번째 이야기

고마운 라디오

세상에 유행이 넘치고, 기술이 하루가 다르게 발전을 해서 지금은 볼거리도 많고 들어서 유익한 일도 너무 많다. 지금 어리고 젊은 사람들이야 그런 환경에 적응도 잘 하고, 그 많은 정보와 지식이 쏟아져도 한 치의 오차도 없이 소화해서 자기의 영역을 넓혀 나가는 것을 보면 대견하고 유능하고 유식함에 나는 놀란다.

고사리 같은 손으로 피아노를 치고, 번개같이 빠르게 컴퓨터를 두드리는 것을 보면서 나는 지금 세상에 태어나서 배우면 저렇게 할 수 있을까 하는 의문이 솟아난다. 노인들이야 할일 없이 기껏해야 TV에 몰입해서 하루의 낙을 삼고 웃어도 보고 세상사를 내다본다. TV를 보면서 많이도 변한 세상사에 어이없어 하기도하고 웃어도 본다. 그러나 TV를 통해서 배우는 것도 많다. 건강 상식과 세상 돌아가는 것을 조금은 알 것 같다.

어쩌다 나는 일본TV를 볼 때가 있다. 우리와 유사한 점도 있지만 전통과 환경을 중히 여기는 그들의 생활이 아름답기도 하다. 하늘까지 닿을 만큼 높은 비탈을 개간해서 파란 벼가 층층이 그림같이 아름답게 자라나는 것을 보면서 그들의 수리를 이용하는 기술의 뛰어남에 놀랍기도 하고 부럽기도 하다.

그뿐인가, 깊은 산중 마지막 마을을 짚신을 신고 등에 보따리를 지고 오지의 좁은 길을 꼬불꼬불 올라가는 할머니의 뒷모습은 옛날 우리의 산골 마을을 생각나게 한다. 길도 넓히지도 아니하고, 시멘트로 처바르지도 않았다. 자연 그대로다. 오솔길을 따라서 올라가면서 길가의 바위 위에 앉아서 한 숨 돌리는 그 할머니의 마음은 부러울 것도 아쉬움도 없는 평화로움 그 자체다. 늙으신 할머니와 꾸밈없는 자연은 그야말로 한 폭의 그림같이 아름답다. 먼 나라의 풍경을 TV를 통해서 보는 재미도 참 솔솔하다.

각설하고, TV아니면 무슨 재미로 사느냐면서 할일 없는 사람들은 아침부터 저녁까지 TV를 본다. 그러나 TV보다 더 유익한 것이 있다. 비록 눈으로 보는 즐거움은 없지만 손으로 일을 하면서 들을 수 있고 눈을 감고 누워서 조용히 들으면서 즐기는 것이 있다. 바로 라디오다.

그 조그만 기계는 어찌 그리도 많은 것을 내게 알려주는지. 고맙기 그지없다. 사랑하는 큰아들이 20년 전에 내게 선물해 준 것이다. TV를 대충보고 라디오를 한번 틀어보시라. 특히 늦은 시간 불을 끄고 누워서 들으면 눈의 피로도 풀리고 좋은 소식도 전해 듣는다. 새로 나온 책도 소개해주고 책의 내용도 상세히 알려준다. 세상 돌아가는 이야기는 정곡을 꼭꼭 찌르면서 해설을 해준다.

특정한 사람의 입지전도 틀어준다. 사이사이 들려주는 음악은 마음마저 편안한 잠으로 들게 한다. 교육방송은 내가 빼놓지 않고 듣는 프로그램이다. 이렇게 많은 것을 나에게 베푸는 라디오는 내게는 하루도 없어서는 안되는 동반자다. 라디오를 항상 머리맡에 두고 어둠 속에서도 다이얼을 맞추고 볼륨을 조절할 수가 있다.

런던, 파리, 뉴욕, 동경, 북경 등등 세계에서 전해주는 국제뉴스는 밤늦은 시간, 잠이 어설프게 들다가도 귀가 번쩍 뜨인다. 고마운 라디오를 나는 사랑한다.

예순여섯 번째 이야기

한 줄기 난초

이삼년 전에 집에 들여놓은 난초 화분에 첫 해는 예쁜 꽃을 화려하게 피우더니, 다음 해에는 잎도 많이 떨어지고 꽃도 몇 송이 피지 않아 내 마음을 애타게 했다. 그래도 나는 다음 해에 또 그 고운 자태를 보기위해서 때 맞추어 물을 주고, 음지도 양지도 아닌 곳에 고이 두고 정성을 다했다. 방안 남쪽 창가에서 겨울을 지낸 난초는 아름다운 꽃송이를 조롱조롱 달고 꽤 긴 나날을 예쁜 꽃으로 나를 즐겁게 해 주었다. 눈으로 보니 즐겁고 방안에 가득한 향기는 저를 두고 외출하기가 미안스럽다.

삭막한 나의 생활에 난초는 나를 위로해주는 존재이다. 아름다운 꽃을 바라보는 순간에는 희열이 넘친다. 자식 기르는 일에도 정성을 다하고 심혈을 쏟으며 부모로서의 책임과 의무를 다한 것처럼, 세상만사 정성을 다하면 좋은 결과를 얻지 않을 것이 없다.

아름답고 향기롭던 나의 난초도 이제는 그 생명을 다했는지 꽃도 피지 않고 잎사귀도 한 가닥 두 가닥 누렇게 말라서 손만 대면 떨어진다. 남들은 이제 버리라고 한다. 그러나 내가 자세히 보면 아직은 파란 잎이 몇 가닥 있고 해서 지난 겨울부터는 더욱 열심히 정성을 쏟으면서 돌보았다.

그러던 어느 날, 물을 주고 양지 바른 창가에 놓고 보니 메말랐던 가지 밑에서 파란 새싹이 손가락 길이만큼 뾰족이 돋아나 있었다. 나는 얼마나 기특하고 반가운지 넋을 놓고 바라보았다. 부디 어서 자라서 예쁜 꽃망울을 조롱조롱 달아주기를 간절히 빌었다. 한 촉의 난초도 애정을 쏟으면 주인에게 기쁨을 주거늘 하물며 인생살이야 일러 무엇 하겠는가.

예순일곱 번째 이야기

약 타러 가는 날

오늘은 내가 병원으로 약을 타러가는 날이다. 인생은 어차피 생로병사라 했던가. 가족들의 기쁨 속에 나는 생을 얻어 태어났다. 철없고 어린 시절을 부모님 슬하에서 보내고 꽃다운 나이에 결혼을 해서 사람이면 누구나 겪으면서 보내는 희로애락의 인생을 살고 보니 평범한 인생살이가 새삼 아쉽고 가슴에 와서 닿는다.

젊은 시절, 병원 신세를 별로 지지 않고 살았지만 아이들이 결혼을 해서 가정을 이루고 내 곁을 떠난 뒤, 내 나이도 어언 칠십 고개를 훨씬 넘고 보니 한두 군데 아픈 곳이 생긴다. 겨울이면 감기로 고생하고 허리가 아파서 무거운 것을 잘 들지 못하게 되었다. 늙으면 그러려니 하고 살았다. 인생행로의 내리막길에 오는 늙음[老]이 나를 찾아왔다. 조금은 서글프다. 오는 백발을 가시로 막고 막대로 쳐도 지름길로 오는 늙음을 누군들 막으랴. 강물같이 흘러가는 인생이지만 때로는 강물도 막히고 넘칠 때도 있다. 혈이 막히고 뼛속이 아프니 하소연할 데도 없다. 그저 몸이 괴로울 뿐이다. 이제 내게도 병이 온 것이다.

자식들이 정성을 다해서 염려하고 보살펴주니 마음만은 편하고 고맙다. 좋다는 약도 보내준다. 홀로 있는 어미가 안쓰러워서 전화 문안도 자주해주지만 병은 좀처럼 내 곁을 떠나지 않는다. 마음을 비우고 편안하게 순리대로 살리라 마음먹어 보지만 사람인지라, 때로는 짜증도 나고 몸이 불편하니 속도 상한다.

그러나 어쩌랴, 순응하면서 살아야지. 자손들을 위하여 기도하고 친구들과 어울려 웃음으로 노년을 보내야지. 의사선생님이 처방해주시는 약을 정성으로 먹으면서 아픔을 달랜다. 일몰의 아름다운 황혼과 타는 듯이 고운 노을을 바라보면서 나의 마지막도 저렇게 아름답기를 기도한다.

약을 타러가는 버스 안에서 나보다 더 늙고 등이 굽은 할머니를 본다. 거역할 수 없이 생로병사의 절대적인 섭리를 새삼 겸허하게 접수한다.

예순여덟 번째 이야기

좋은 생각

나는 재주도 없고 특별히 하는 일도 없이 평범하게 한 평생을 살다가 늙어버렸다. 집안에서 살림하면서 무료한 시간에는 신문을 보거나 그저 손에 잡히는 대로 곁에 있는 책을 읽으면서 하루 하루를 보낸다. 책을 읽는 동안에는 곁에 친구가 있어서 말벗이 되는 것보다 더 즐겁다.

어떤 책은 재미 따라서 정신없이 읽기도 하고, 역사소설은 유익하고 상식도 는다. 그렇게 생활하다보니 나의 취미는 당연히 독서가 되었다. 책을 읽거나 말거나 나의 머리맡에는 언제나 한두 권의 책이 놓여 있다. 혼자가 된 지금은 더욱 책을 사랑하게 되었다.

책 속에는 무한한 세계가 있다. 감히 가서 보지 못한 외국의 풍물을 책 속에서 구경하고, 그 신비한 이방인의 생활을 책을 통해서 체험한다. 그런 낯선 곳에 한 번 가서 봤으면 하는 바람은 그저 바람으로 끝난다. 그러나 책을 읽음으로서 배우고 느끼는 기쁨은 다시 없이 좋다. 어쩌다 주위에 계시는 분께서 보내주시는 시집이라도 손에 들면, 나는 시 속에서 세상 이치를 배우고 오묘한 시의 세계로 빠져든다. 어쩜 이렇게 훌륭한 시를 쓸 수 있을까. 그저 감탄할 뿐이다. 아들 집에 왔다가 김천으로 내려갈 때, 서울 고속터미널에서 나를 전송하러 나온 큰아들은 승차표와 조그만 책 한권을 내 손에 쥐어준다.

화려한 봄꽃이 책 표지를 아름답게 수놓은 그 책은 일상생활을 진솔하게 글로 써서 우리의 생활을 대변하고 있었다. 참 좋은 책이다. 지루한 시간을 책을 보시라고 큰 아들이 건네 준 그 책을 집에 돌아오는 동안 여기저기 두서없이 읽어보면서 큰아들의 따뜻한 마음이 책을 통해서 나를 기쁘게 했다.

그 책의 제목은 〈좋은 생각〉이다. 책의 제목대로 아들의 좋은 생각이 내게도 좋은 생각으로 이어지는 것 같다. 마음의 화평과 고마움이 가슴에 와 닿는다.

예순아홉 번째 이야기

생명을 기르는 것들

아름답고 화려했던 봄이 저물어간다. 꽃잎이 바람에 휘날려 떨어져도 아까워서 가슴 아프고, 가는 봄이 아쉬워서 한숨짓던 감상적인 나이도 아니건만 가는 봄의 허망함을 어쩌랴.

어느새 큰 나무에 피던 꽃은 다 지고, 이제는 파란 잔디위에 영산홍을 비롯하여 키 작은 꽃들이 오가는 사람들의 눈길을 잡는다. 흰 구름이 한가로이 떠도는 푸른 하늘을 벗 삼아 산과 들은 연초록으로 단장하고 보는 이의 눈을 시원하게 어루만져 준다.

행락의 행렬은 아름다운 산과 들을 찾아서 손짓하는 대로 하루를 즐긴다. 주말이면 고속도로는 거대한 주차장을 연상케 하고, 지칠 줄 모르는 행락의 행렬은 꼬리를 문다. 세상만사는 언제나 양극으로 구분된다. 농촌에서는 심한 봄 가뭄에 농심이 탄다. 들려오는 산불소식에 한 줄기의 비라도 시원하게 내리기를 빌어본다.

천심이 무심치 않아서 단비가 소리도 없이 촉촉이 내리면, 봄비를 맞으면서도 농촌에서는 일손이 바쁘다. 고마운 비가 내리니 오래간만에 농부들의 얼굴에는 웃음이 넘친다. 싹을 틔우면서 하루가 다르게 자라는 속잎은 진주 같은 물방울을 대롱대롱 매달고 초록색으로 들판을 아름답게 단장한다.

얼마 전 친구들과 벽지에 있는 어느 집에 갔었다. 유장하게 흐르는 강물은 아니지만 꽤 넓은 냇물이 들판을 흐르고 있었다. 우리는 맑은 물에 손 씻고, 맑은 공기를 마시면서 도시를 부러워하지 않았다. 비닐을 씌운 포도밭은 햇빛이 바다 잔물결처럼 반짝인다. 밭두렁을 따라 이름 모를 풀꽃들이 반겨주는 이도 없건만 따뜻한 햇살을 벗 삼아 서로를 바라보면서 봄을 노래하고 있다. 봄 가뭄도 심한데 언제 싹을 틔우고 자라서 작고 예쁜 꽃으로 우리를 반겨주는지. 고맙고 예뻐서 나는 두 번 세 번 어루만져 주었다.

초목은 물과 바람을 마시면서 자라고 태양의 은혜로 꽃피우고 열매를 맺는다. 이름 모를 작은 풀꽃까지 자연의 축복을 받고 저렇게 아름답거늘 하물며 우리들 사람들이야 말할 것도 없다. 자연의 축복에 더하여 우리는 사람의 축복을 누린다. 부모와 스승과 친구가 우리를 키우는 은혜를 곰곰 생각하면 감사가 넘친다.

일흔 번째 이야기

천자문 千字文

내가 아주 어릴 때 뜻도 모르면서 달달 외우던 천자문 한 권을 샀다. 나이가 많이 들고 보니 그나마 알고 있던 글자도 이제는 다 잊어 문득 무슨 글자를 쓰다가 그 획을 잊어버린다. 아무리 나이가 많아도 이래서는 안 된다 싶어서 책방에 가서 천자문 한편을 샀다.

책을 펼쳐보니 어렵고 모르는 글자가 어찌나 많은지. 새삼 내가 부끄럽다. 사람은 죽을 때까지 배워야 한다고 하지 않았던가. 나는 천자문을 다시 배우기로 했다. 공책과 볼펜을 준비하고 하루 넉자四字를 쓰고 해설을 익혔다.

천지현황天地玄黃 - 하늘은 검고, 땅은 누르다

우주홍황宇宙洪荒 - 우주는 크고, 넓기가 한이 없다.

시대에 뒤떨어진 공부지만은 그래도 일상생활이 불편해서는 안 된다는 생각에 나는 공부를 시작했다. 낮에는 외출도 하기 때문에 주로 밤에 한 두절씩 쓰면서 익힌다. 내가 아는 글자는 한 번 더 써보고 어려운 글자는 몇 번이고 써본다. 공부하는 동안 잠시 아득한 옛날 할아버지께서 가르쳐 주시던 생각이 나서 그때가 그립고 어린 시절로 돌아가고 싶은 생각에 밤잠을 설친다.

공부하는 동안은 아무 걱정도 아무 생각도 없다. 오직 공부에만 몰두하니 건강에도 좋고 생활에 도움도 된다. 조금은 나이답지 않게, 주책인지 몰라도, 나는 공부하는 동안 기쁨이 넘친다. 한 자라도 더 익혀서 나의 마음이 윤택해지면 얼마나 좋을까 생각하면서. 오늘도 나는 한자 공부를 한다.

일흔한 번째 이야기

부석사 가는 길

오월의 푸른 하늘아래 짙어만 가는 신록은 싱그러운 훈풍의 애무를 받으면서 환희의 춤을 춘다. 달리는 관광버스는 노랫소리와 박수소리에 한층 흥겹다. 복지관 노인들의 봄나들이가 노인들을 동심으로 돌아가게 한다. 차창을 스치는 들판은 온통 녹색의 대지이다. 가을 수확의 기쁨을 위해서 어제 내린 단비에 고추며 고구마순을 심느라고 여자들의 손길이 분주하다. 밭이랑을 갈고 있는 경운기는 엔진소리도 요란하게 허공을 가른다. 오늘의 목적지는 영주 부석사 그리고 소수서원이다.

지난 날, 부부동반해서 한 번 가보고 싶어 하던 곳이다. 지금 나 혼자 가는 마음이 아쉽고 착잡하다. 드디어 목적지에 도착했다. 관광버스가 줄지어 서 있고 관광객은 넘친다. 좋은 계절에 사바세계에서의 하루가 마냥 즐거운 표정들이다. 먹고 마시고, 웃고 떠들고, 노래하고 그래서 괴로운 인생이지만 이승이 좋다하지 않는가.

부석사로 올라가는 길은 언덕도 가파르고 계단도 많다. 허리가 아프고 무릎이 아픈 노인들은 친구들의 부축을 받으면서 또는 쉬엄쉬엄 쉬면서 가파른 계단을 오른다. 스님들의 구도의 길이 저렇게 가파르고 힘들었을 것이라 생각하면서 나도 친구와 같이 쉬엄쉬엄 올라간다. 드디어 무량수전 앞에 다 왔다. 그림으로만 보던 것과는 달리 그 규모는 크지 않다. 단청도 칠하지 않는 그 곳은 화려함은 없지만 엄숙한 분위기는 어느 사찰보다 숙연하다. 명성 높던 배흘림기둥도 특이하고 태고의 적막함이 신록 속에 묻혀있다.

그 유명한 부석浮石을 보러갔다. 절 뒤에 크기도 어마어마한 큰 바위가 두 개 포개져있다. 아득한 옛날, 중국의 선묘낭자가 의상 대사를 연모하여 해룡海龍이 되어서 위험한 바닷길을 지켜주고, 시공을 초월해서 여기 큰 바위가 되어 영원을 살고 있다. 누구나 다 아는 설화지만 앞으로 또 영원히 그 곳에 있을 무심한 큰 바위를 나는 정감어린 눈으로 유심히 바라보았다. 부석사를 두루 구경하고 내려오는 길에 맑은 물에 손 씻고 약수 한 바가지를 떠서 마시니 나도 신선이 된 것 같이 몸과 마음이 상쾌하다.

즐비한 식당가에서 점심을 먹고 다음 코스는 소수서원을 관람하러 갔다. 소수서원紹修書院은 아름다운 산세에 둘러싸여 초하의 신록과 훈풍에 졸고 있다. 많은 관광객들을 맞고 보내면서 조금은 퇴락한 분위기가 느껴지지만, 그런대로 잘 보존되어 있었다.

조선조 명종4년1550 퇴계 이황선생이 풍기 군수로 재임하면서 나라에 건의하여 소수서원이란 사액賜額을 받게 되었다. 안내자의 설명을 듣고 보니, 성현들의 가르치심과 교육의 뜻이 높고 깊음을 느끼게 된다. 사료使料전시관은 학생들이 관람하면 차원 높은 지식을 얻을 것 같아 더욱 유익할 것 같다.

돌아오는 길에 버스안의 소란함을 귓전으로 들으면서 오늘의 관광이 보람 있고 유익했음을 감사했다. 홍겨운 음악소리에 손뼉 치며 즐기는 봄나들이가 우리들의 하루를 마감한다. 즐거운 분위기 속에서 석양의 아름다운 황혼처럼 우리들 인생의 황혼이 저물어간다.

제6부
내 잔이 넘치나이다

일흔두 번째 이야기

시아버님과의 해후邂逅

세월이 얼마나 흘렀을까. 줄잡아 헤아려보아도 40년은 넘게 흘러갔다. 외지에 나가있던 아들이 모처럼 잠시 다녀간다.

“어머니, 날씨도 좋은데 바람 쐬러 갑시다.”

나는 언제나 집에만 있었는지라 기쁜 마음에 흔쾌히 승낙하고 아들과 손녀와 오월의 훈풍에 마음마저 소녀같이 들떠서 따라나섰다. 목적지는 구불구불 산길을 휘도는 그 옛날 시아버님께서 교장선생님으로 계시던 조그맣고 아담한 산골 초등학교이다. 김천시 부항면 유촌초등학교

지금은 폐교가 되어서 운동장은 텅 비어있고, 운동장 귀퉁이에는 잡초가 무성하다. 마을 사람들이 가져다 놓은 양봉 벌통이 여러 통 놓여있다. 우리 아이들이 초등학교와 중학교를 다닐 때, 방학 때면 할아버지 댁에 와서 놀던 곳이다.

아들도 감개가 무량한지 운동장을 서성이면서 할아버지 생각에 숙

연한 모습이다. 텅 빈 교실과 운동장이 조금은 허망하다. 운동장 한복판에서 아이들의 환호성이 환청처럼 들려온다. 낸들 어찌 부모님 생각이 나지 않겠는가. 다정하시던 아버님 생각에 잠시 목이 메여온다. 금방이라도 교무실 문을 열고 나오실 것만 같다. 마침 점심때라 사람들은 보이지 않고 촌로村老한 분이 어린 손자와 나무그늘에서 쉬고 있었다. 그분이 내게 다가와서

"어디서 오셨어요?"라고 묻는다.

"예, 나는 김천에 사는데 40여 년 전에 저의 시아버님께서 이 학교에 교장선생님으로 계셨습니다. 그래서 먼 곳에서 아들이 잠시 와서 할아버지 생각을 하면서 학교 건물이라도 보고 갈까 해서 이렇게 왔습니다."

그렇게 대답했더니 그 촌로께서는 눈을 크게 뜨시고, 반가운 기색이 역력하다.

"아이고, 그 교장선생님의 자부되십니까?"

그 노인은 손자를 시켜서 할머니를 모셔오라고 한다. 이윽고 할머니 한 분이 달려오신다. 한달음에 달려오신 할머니는 나의 손을 덥석 잡고 얼굴 가득히 웃음을 띠운다.

"박교장 선생님의 자부되시고, 손자분이십니까? 세상에 이렇게 만나게 되다니 하나님 감사합니다."

이윽고 시원한 나무그늘 아래서 이야기의 실타래를 푼다. 그 할머니는 아버님의 호칭이 교장선생님에서 박 장로님으로 바뀌었다. 농촌생활에 고단하고 일밖에 모르는 우리 집을 장로님께서는 열 번, 스무

번 찾아오셔서 교회에 나오라고 전도를 하셨단다. 그렇게 해서 우리 집은 장로님의 간절한 기도와 권면으로 구원을 얻고 참다운 신도가 되었다고 한다.

학교 곁에는 아버님께서 세우신 조그마한 교회와 초라한 기와지붕을 이고 아직도 'OO교회'라는 팻말을 세우고 있었다. 아버님께서는 전근을 가실 때마다 지극한 마음과 믿음으로 교회를 세우셨다. 박 장로님 아니시면 오늘 같은 믿음의 가정으로 거듭날 수 없었다면서 아버님께 감사한 마음을 금할 수 없다고 한다. 산골이라 반찬은 없지만 점심을 먹고 가란다.

잠시 나무그늘 아래서 쉬면서 그 할머니의 이야기를 듣는다. 자식인 나도 잘 못 헤아려드린 아버님의 신앙생활의 깊이와 인자하심을 산 증인인 타인으로부터 듣는 나는 마음의 기쁨과 감동으로 가득하다 감사와 더불어 아버님의 생전의 모습이 가슴을 아프게 한다. 같이 갔던 아들도 어찌 기쁘지 않으리오. 할아버지 생각에 가슴이 벅찼으리라.

그 할머니는 이야기를 이어간다. 박 장로님의 후손들이 어딘가에 계실 텐데, 어찌 이렇게도 소식을 전해들을 수 없을까 했었는데, 하나님의 뜻이 있어 이렇게 만나니 정말 반갑다면서 다시 한번 꼭 찾아오라고 신신당부를 한다.

차창으로 아쉽게 손을 흔들면서 그들과 작별을 하고 돌아오는 길에 아버님의 삶이 어떠했는지 신앙생활이 어떠했는지 잘 알고 있었지만 그날따라 아버님의 훌륭하셨던 신앙이 나를 떨리게 한다. 40여 년

만에 만난 아버님의 훌륭하신 모습을 뵙고 가는 길이 우리 모자에게는 다시없는 기쁨이요, 감사였다.

일흔세 번째 이야기

나의 달

사월 꽃소식이 남쪽에서 올라오면 사람들의 마음은 들뜨고 희망에 부푼다. 개나리, 진달래, 그리고 벚꽃 등 봄에 피는 꽃은 헤아릴 수 없이 많다. 현란하게 피는 봄꽃은 사람의 마음을 꽃처럼 아름답게 하고 정감이 넘치게 한다. 향기로운 봄의 밤. 무심히 쳐다보는 하늘에는 크리스마스 카드에 그려진 것처럼 예쁜 초승달이 서산마루에 걸려 있다.

그 초승달을 누워서 보면 그 한 달은 건강이 좋지 않고, 서서 보면 그 한 달이 건강하다고 했다. 서서 보든지 누워서 보든지 달을 쳐다보는 그 순간만은 반갑고 참 좋다. 부지런한 며느리는 설거지를 마치고 부엌을 나올 때 그 초승달을 본다고 했다.

서산에 걸려있던 초승달은 금방 넘어가지만 다음 날 그 시간에는 달은 한 층 부풀어 더 밝다. 보름달이 뜨면 꽃향기와 더불어 봄밤은 꿈속같이 사람의 마음을 흔들고, 짧은 봄밤에 늦도록 두런두런 끼리끼리 모여서 논다. 자리 깔고 누웠다가도 이웃에서 들리는 그 소리에 한 달음에 달려가서 같이 짧은 밤을 지새운다. 싸리 울타리를 둘러치고 돌담을 쌓고 정답게 살던 그 시절, 사람과 꽃과 달은 한 마을에서 한 평생 벗이 되어 살아간다. 달을 보고 웃고 달을 보고 운다.

눈이라도 수북이 내리는 산촌의 밤은 그야말로 적막강산이다. 추운 칼바람에 쌓인 눈은 녹지 않고 꽁꽁 얼어붙어서 보름달이라도 뜨면 그야말로 '월백月白이요 천지백天地白'이다. 초상을 치루고 애곡하던 상주들이 돌아간 텅 빈 무덤가에 눈이 쌓이고 보름달이 밝으면 혼령께서 어둠을 뚫고 달구경을 나오신다. 중천에 높이 뜬 보름달을 바라보시고 '어어, 달도 밝다. 인생은 빈손으로 와서 빈손으로 가는 것인 것을 달만 바라보아도 그렇게 좋구나.' 살아오신 한 평생이 값지기에 보름달만큼이나 풍요로움을 가슴에 담는다.

일상생활을 영위하면서 사람은 누구나 건강하고자 한다. 어린아이들은 아이대로 젊은 사람은 또 그 나름대로 건강에 유의하면서 살아간다. 노인들은 그 도가 지나칠 정도로 더욱 건강에 힘쓴다. 나도 봄, 여름, 한철 새벽에 운동을 하러 일찍 일어난다. 운동 신경도 둔하고, 별다른 특기도 없는 나는 그저 새벽 공기를 마시면서, 걷기 운동을 한다.

내가 사는 아파트에서 조금만 가면 직지천直指川이란 큰 냇물이 흐른다. 옛날에는 냇가에 수초가 무성하고 비라도 오면 운동화가 질척거린다. 흐르는 맑은 물을 자세히 들여다보면 물고기도 떼를 지어

돌아다니고 아이들도 곧잘 와서 놀기도 한다.

그러나 지금은 몇 년 사이에 냇가도 크게 변했다. 알록달록한 벽돌로 냇가를 비스듬히 쌓아 올려서 모자이크 무늬처럼 냇가가 화려하다. 그 냇가를 따라서 쭉 산책 도로가 개설 되었다. 도로가에는 어린 벚나무가 늘어서고 비가 와도 질척거리지 않는 포장 도로가 쭉 뻗어있다. 나는 그 산책로를 한 시간 정도 걷기 운동을 한다. 청년들은 달리고, 노인들은 걷고, 참 좋다. 천변을 걸으면, 어느새 뿌연 하늘은 새벽을 마감하고 푸른 하늘로 변한다. 그 하늘 가에 반달이 떠 있다. 하현달이라 보는 사람이 별로 없건만, 달은 처연하게 나를 내려다보고 있다.

삼라만상이 잠든 밤, 홀로 떠올라 홀로 지는 새벽달이 나를 보고 있다. 고맙기도 하여라. 나는 걸음을 멈추고, 넋을 잃고 처연한 달을 바라본다. 저 새벽달은 옛날에 노름꾼이 새벽에 볼일 보러 나왔다가 뒷결에서 쳐다보는 달이라고 했다.

내가 달을 쳐다보면서 걸으니까 달도 나를 따라온다. 길이 끝나는 데까지 같이 왔다가 돌아오는 길에 또 한 번 쳐다본다. 맑은 냇물 속에도, 흐르는 물을 따라 흔들흔들 흘러간다. 달은 아까보다 표정이 흐리다. 영롱한 달빛은 사라지고 빛바랜 하얀 달이다. 사방은 완전히 날이 새고 이제는 아침이다. 운동하던 사람들도 하나 둘 모두 돌아가고 햇님이 쓰다버린 빛바랜 아침달이 서산마루에 걸려있다.

저 달은 언제나 무심하지만 나는 무심히 바라볼 수가 없다. 멀리서 은은히 들려오는 오빠들의 퉁소 소리에 애달파하고, 중천에 높이 뜬 휘영청 밝은 달을 바라보면서 친구들과 손잡고 저 달이 기울 때 까지 놀던 어여쁜 처녀시절 추억의 달이다.

새벽의 천변을 나는 빛바래고 외로운 달을 벗 삼아 내일도 걸을 것이다.

일흔네 번째 이야기

노인들의 낙원 복지관

세상이 하루가 다르게 급격히 변하고 사회는 혼란스러울 만큼 어지럽고 다양하다. 생활의 향상과 높은 의료수준의 혜택으로 이제는 일흔 살부터가 청춘이라고, 농담 아닌 농담을 한다. 그 말도 아주 거짓말은 아닌 것 같다. 요즘 할아버지 할머니들은 고운 옷에 예쁘게 화장까지 하고 이팔청춘 젊은 사람들처럼 즐겁게 산다. 자식들이 주는 용돈을 주머니에 넣고, 친구들과 맛있는 것도 사서 먹고, 재미난 구경도 하면서 즐긴다.

비행기타고 해외여행도 한다. 언제부터인가 일부 할아버지 할머니들은 국내여행이 여행 축에도 들지 않는다는 듯이 자랑스럽게 외국을 드나들기도 한다. 친구끼리 모이면 나는 올봄에 비행기타고 어디를 다녀왔다고 자랑이 대단하다. 한 자리에 둘러앉은 사람들도 너도나도 같은 자랑을 하면서 좋은 세상 만났다고 희희낙락이다.

노년을 그렇게 살지 못하는 사람도 많겠지만, 그러나 할머니들의 그런 소박한 기쁨과 즐거움을 탓할 일은 아니다. 아무리 수명이 길어지고 젊게 산다 하지만, 노인들에게는 '밤새 안녕하십니까?' 라는 인사말이 정말로 딱 들어맞는 말이다. 언제 돌아가실지 모르니 즐겁게 노후를 사시게 많이 도와드려야 할 것이다.

어느 날 갑자기 어느 댁 할아버지가 돌아가셨다고 한다. 어느 할머니가 중풍으로 쓰러져서 중환이란다. 그런 소리가 들려올 때마다 나는 짙게 물든 아름다운 저녁노을을 생각한다. 하루를 마감하고 지나가는 붉고 아름다운 노을은 서산마루에 곱게 아쉬움을 남겨두고 지는 것이다. 좋은 세상 만나서 노후를 오래오래 즐겁게 산다지만 그러나 유한한 인생은 아무도 끝까지 지켜주지 않는다. 사는 동안은 건강하게 살아야 한다. 즐기는 것도 좋고 놀러 다니는 것도 좋지만, 그 모든 조건은 건강이다. 건강만이 큰 축복이다. 아름다운 저녁노을처럼 그렇게 마지막을 즐겁고 건강하게 사시다 가셨으면 무엇을 더 바라겠는가.

젊은 시절 어떠한 일을 했건 오로지 자식들을 위해 평생을 바치고, 수고를 많이 했다. 이제는 허리도 굽고 팔다리도 아프다. 관절도 퇴행성으로 걷기조차 힘들다. 이 병원 저 병원을 다녀보고 엑스레이도 찍어 보지만 별 수가 없다. 노인들은 한의원을 찾아다니면서 침도 맞아본다. 그렇게 여러 모로 치료를 한다. 조금 좋아졌다 싶다가도 며칠 후면 또 아프다. 하기야 연세가 높으니 그 만성 질환이 완치가 되겠는가. 기력은 점점 쇠해지고 이제는 세상만사가 귀찮을 뿐이다.

해외여행을 가거나 친구들과 어울려 노는 것도 우선 건강해야 한다. 이런 노인들을 위하여 우리 지역에서 복지관을 2002년 4월에 개관을 했다. 나도 친구들과 그 복지관에 가 보았다. 그럴듯한 신축건물은 3층으로 위풍도 당당하다. 내부 시설도 다양하고 모든 시설이 노인들을 위한 최고의 휴식처다. 물리치료실, 헬스 기구들, 휴게실, 샤워실, 독서실, 영화 관람실, 컴퓨터실, 그리고 체조, 음악, 국악, 단전, 장기, 바둑, 서예 등등, 취미도 다양하게 할아버지 할머니 들은 활동할 수 있다. 각자 자기 취미를 살려서 훌륭한 선생님을 모시고 열심히 공부한다.

세 대의 탁구대는 더없이 좋은 운동을 할 수 있고, 그곳에 모인 사람들에게 친교의 장을 만들어준다. 담당 직원들의 상냥한 미소와 친절은 자신들의 나이를 망각할 정도로 기쁘고 즐겁게 한다. 나도 마음이 젊어지는 것 같고 동심으로 돌아간다. 복지관에서는 남녀모두 나이가 많거나 적거나 노소동락老少同樂이다. 꼭 초등학교 학생 같다. 담당선생님의 말씀과 지시대로 질서정연하게 운동하고 공부한다. 초등학교 학생들처럼 가슴에 이름표를 달고 운동을 한다.

나도 처음으로 친구를 따라서 그곳에서 공부도 하고 운동도 한다. 물리치료실에서는 담당선생님의 말씀대로 치료를 받고 자판기 앞에서는 줄을 서서 기다리면서, 친한 사람끼리 커피, 우유 등등 기호대로 마시면서 친교를 다진다. 세월이 얼마를 흘러 갔는지, 헤어진지 몇십년이 되었는지 감도 잡히지 않지만, 우연히 그곳에서 옛날 친구를 만났을 때의 기쁨과 반가움은 필설로 다할 수 없다. 비록 늙어서 모습은 변했지만, 웃는 모습에서 옛날의 희미한 고운 모습을 상기하면서 우리는 서로의 두 손길을 부여잡는다. 다정했던 옛날의 친구들이여, 이대로 이 모습대로 더 늙지 말고 건강하게 살자.

사회 전반에 노인 복지를 위한 다양한 시설과 프로그램이 마련되고, 이들 시설들은 노인들의 건강에 단단히 한 몫을 하고 있다. 노인들을 위하여 얼마나 다행한 일인지 모른다. 사람은 늙어 죽을 때 까지 배운다고 했다. 배움과 건강을 함께 도모할 수 있으니 참으로 좋다.

복지관에 오시는 모든 분들, 이렇게 좋은 시설에서 더 열심히 공부하고 운동을 하면서 노래하면서 즐겁게 지내면서 더욱 건강하십시오. 수많은 할아버지 할머니들을 위하여 날마다 수고하시는 담당선생님과 직원님들께도 감사를 드립니다.

특히 이렇게 좋은 시설을 마련해주신 김천복지관 관장님께 지면을 통하여 재차 감사드립니다. 김천복지관의 무궁한 발전을 기원합니다.

일흔다섯 번째 이야기

거울이고 싶어라

사람은 누구나 태어나서 철이 들 무렵이면 남녀를 가리지 않고 또 잘 생겼던 못 생겼던 간에 하루에도 몇 번씩 거울을 본다. 세수할 때, 옷매무새를 가다듬을 때, 또 어디서나 거울이 걸려 있으면 꼭 한 번 자기 모습을 비춰본다.

왜 그럴까? 잘 생겼으면 그런대로 못 생겼으면 또 그런대로 거울 앞에서 얼굴을 매만지고 자세를 가다듬는다. 자기 스스로 단정하고 싶어서 그렇게 한다. 더 예쁘고 싶어서 본능적으로 거울을 본다. 젊은 사람도 연세가 든 사람도 거울을 보고 자기 모습을 바로 잡는다.

거울은 우리가 살아가는 데 정말로 고마운 물건이다. 거울을 볼 때마다 삐뚤어지지 않고 바르게, 밉지 않게 예쁘게, 거울은 우리들의 모습을 바로 잡아 준다. 우리는 거울을 볼 때마다 더 한층 아름다운 모습으로 자신을 가꾸어 나간다.

거울은 요술쟁이다. 세상에서 하나밖에 없는 것이 나인데, 거울을 보면 그 속에 내가 또 있다. 그것뿐인가 거울에 비추면 무슨 물체든지 둘이 되고, 또 다른 거울을 비추면 셋도 되고 넷도 된다. 자기 모습을 직접 볼 수는 없지만 거울을 통해서 얼마든지 볼 수 있다. 거울은 너무 정직해서 좋은 모습은 좋게 비춰주고 그렇지 않은 것은 그대로 비춰 준다.

우리는 거울을 보면서 너무 많은 것을 배운다. 비단 겉모습만이 아니다. 삐뚤어진 것은 바르게 고치려고 노력한다. 마음에서 우러나오는 아름다움은 겉모습에 고스란히 나타난다. 아침마다 들여다보는 거울의 맑고 투명함은 언제나 내가 갖고 싶은 내 마음이다.

일흔여섯 번째 이야기

한밤의 상념

찰칵찰칵 책상위의 조그만 앉은뱅이 시계는 자정을 향해서 또박또박 어김없이 달려간다. 아파트 창문마다 불이 꺼지고 깜깜한 시멘트 마당을 희미한 가로등이 아무런 성의도 없이 우두커니 서서 비춰주고 있다.

한 낮의 시끄러움도 번잡함도 없는 고요한 밤에 나는 홀로 누워서 여행을 한다. 가서 보고 싶은 곳이 있다. 바로 내가 사랑하는 가족들이 있는 아들들의 집이다. 지금 이 시간에는 모두 깊이 잠이 들었을 것이다. 바쁜 일과에 쫓기고 힘든 공부를 하고 각자 자기들 책임과 의무를 다하느라고 얼마나 힘든 하루를 보냈겠는가. 누구나 그렇게 사는 것이 인생이지만 조금은 안쓰럽다.

사랑하는 가족들을 위해 다시 한 번 간절한 기도를 드린다. 하나님, 어느 처소에 있던지 보살펴 주시옵소서. 한밤에 드리는 기도는 더욱 간절하고 은혜가 충만하다. 남편께서 계실 때는 모르고 살았는데 홀로 된 지금은 나의 기도는 생활의 일부가 되었다. 지금 나는 깊은 밤의 고요를 피부로 느끼면서 여러 가지 상념에 잠겨 있다.

여기까지 살아온 기나긴 세월도 다시 한 번 되돌아보게 된다. 후회도 있지만 자식들로 인해서 기쁨과 보람도 있었다. 열두 굽이의 험난한 고갯길은 가파르고 힘겨웠다. 이제 마지막 정상에서 뒤돌아보는 열두 굽이의 험난했던 고갯길은 그리움으로 다가 와서 가슴 벅찬 감동으로 나의 마지막 순간까지 남을 것이다.

고요하고 깊은 밤에 홀로 가는 과거로의 여행은 오늘의 감사로 되돌아 오는 여행이라 나에게 이렇듯 사랑과 간구가 남아 있다는 것은 축복이다. 한밤의 상념 속에는 그 나름의 깊은 뜻과 생에 대한 환희가 숨어 있다.

일흔일곱 번째 이야기

장엄한 황혼

햇빛, 달빛, 별빛 이렇게 우주공간을 떠도는 천체에서 쏟아져 내리는 빛으로 인하여 지구는 그 아름다움 자체를 밤과 낮으로 구분하며 사람들과 모든 생물들에게 생의 한없는 축복을 주고 있다. 찬란한 햇빛이 없으면 어떻게 되리라는 것은 설명하지 아니해도 누구나 다 알고 있다. 오직 죽음뿐이다. 아침에 바다에서나 동쪽 하늘에서 떠오르는 해는 생을 축복하는 하나님의 큰 선물이다.

어쩌다 서울에 갔다가 돌아오는 길에 차창에서 바라보는 일몰의 아름다운 풍경을 나는 두고두고 잊지를 못하고 그 아름다운 일몰의 광경을 뇌리에 간직하고 있다. 그날따라 오후에 출발하는 차를 타고 내려오는 길이었다. 해가 서산에 지기 직전의 하늘은 노을이 곱고 아름답지마는 그날따라 진회색의 구름이 서쪽 하늘을 뭉게구름처럼 덮고 있었다. 그 진회색의 구름 봉우리 끝을 지는 해의 역광이 불타듯 선명하게 구름 끝에서 찬란하게 비추고 있는 광경은 장엄하고 고왔다. 무어라 말로는 다 표현할 수 없는 아름다움으로, 보는 나를 황홀하게 했다.

구름이 너무 짙어서 거기가 산봉우리 같기도 하고 하늘 끝같이 높기도 하였다. 진회색 구름의 끝 곡선을 따라서 서쪽 하늘 전체를 비추던, 그 붉지도 아니하고 눈이 부실만큼 희고 투명한 빛은 정녕 하나님의 거룩한 작품이었다. 해가 지고 서서히 그 찬란한 빛은 사라져가고 있지만 진회색의 구름은 그냥 그대로 어둠으로 변하면서 아직도 그 찬란했던 빛을 간직한 채 더욱 아름다운 회색빛으로 물들어 있었다.

세상 만물이 아름답지 않은 것이 없지마는 그날의 아름다운 하늘은 한 줄기 빛으로 인하여 거룩하고 경건하게 빛났다. 참 아름다움은 사람의 창작물이 아니라 오직 차원 높은 하나님이 창조하심을 깨달았다.

일흔여덟 번째 이야기

나의 기도

한 세상 살고 나니 이제는 간간히 들려오는 소식은 세상을 떠나는 슬픈 소식뿐이다. 친척이던 친구간이던, 옛날에 이웃하면서 정답게 살다가 헤어졌던 사람들 사이에서건, 그들도 나와 같이 한 세상을 다 살았기에 슬픔을 전하는 것이다. 그렇게 건강했었는데, 세월을 이길 수는 없고 병마에게는 어쩔 수가 없다. 사람은 누구나 한 세상 살고나면 사랑도 미련도 버리고 유한한 일생을 마치고 피안의 세계로 돌아간다.

자연의 법칙이라 체념하지만 영원한 이별 앞에 정든 사람을 영원히 떠나보내면서 몸부림치며 통곡한다. 일회성인 인생이 한없이 서럽다. 복잡한 세상에서, 위험한 세상에서 하루의 일과를 마치지 못하고 교통사고로 아까운 청춘이 쓰러지는 것은 차마 견디기 힘든 아픔이다.

천명을 다하고 귀천하는 생명은 하늘의 복을 받은 것이다. 기동성이 좋아서 차를 몰고 다니지만 항상 주의를 게을리 해서는 안 된다. 새벽에 드리는 나의 기도는 가족들의 안녕을 위하는 것으로부터 시작한다.

그런데 사노라면 기쁜 소식도 있다. 무병장수하여서 팔순 잔치, 구순 잔치를 많은 자손들의 축복을 받으면서 하는 사람도 부지기수다. 건강하게만 사신다면 백세를 산들 누가 무어라 하겠는가. 세상에서는 건강의 축복이 가장 큰 복이라 했다. 건강을 잃으면 천하를 얻은들 무슨 소용이 있나.

일전에는 옛 친구한테서 기쁜 연락이 왔다. 손자가 결혼을 하니 꼭 와서 축하해 달라는 소식이었다. 근간에 듣던 중 가장 기쁜 소식이다. 그 친구는 머잖아 증손주도 볼 수 있겠다. 팔십이 다 된 그 옛 친구는 정말 복 많은 노인이다.

우리들 연세 높으신 노인들은 자식들에게 짐 되지 말고 사는 날까지 건강하게 살다가 잠자는 듯이 편안히 갔으면 얼마나 좋으랴. 나는 잠자리에 들면서 그렇게 기도한다. 나의 기도가 이루어지게 하소서.

발문

사라져 가는 것에서 지혜를 길어 올린다

全章億 한학자, 서예가, 김천노인대학 학장

이숙영 여사님! 안녕하세요.

우선은 이렇게 인사를 열고 글을 이어가야 하겠습니다. 느닷없는 발문 부탁을 받고서 어디서부터 시작을 해야 할지 생각을 해 봅니다. 먼저 이 글 속에서 이여사를 어떻게 불러드려야 할지도 모르겠습니다. 그냥 정중히 개인적으로 부르기로는 '여사'라는 호칭이 좋습니다. 그런데 이 글이 워낙 글쓴이, 즉 작가로서 이 여사를 말하는 자리이니 이 여사를 '글쓴이' 또는 '작가'로서 부르고 싶기도 합니다. 그 점에서 가지런하게 질서를 차리기가 어렵기도 합니다. 글을 쓰는 문맥에 따라 '여사'로 쓰기도 하고, '작가' 또는 '글쓴이'로 쓰기도 하겠습니다. 받아 주시리라 생각합니다.

오늘 이렇게 여사를 글로써 가까이 대하고 보니, 그것도 우리 세대의 역사적 체험과 감수성을 담은 이 여사의 글을 대하고 보니, 그런 세월들이 그런 의미로 우리의 삶과 의식을 마주쳐 갔었지 하는 생각이 듭니다. 시대를 공유했던 정서가 아주 친근하게 환기되면서 짙은 공감의 그늘을 은연중에 느끼게 됩니다.

지난 초여름 어느 날 여사의 큰아드님인 박인기 교수가 '어머님의 옥고'를 간추려 나에게 내어 놓더군요. 어머님의 생신 기념으로 산문집을 출간하겠다면서 '발문'으로 나에게 한 말씀 해달라더군요. 나는 웃었지요. 무릇 글을 쓴다는 것은 울음을 안으로 머금어, 그것을 오래 발효하여, 어떤 뜻과 정서로서 밖으로 내어 놓는 것인데, 나는 그렇게 울어 보지도 못한 사람이니 어찌 남의 글에 발문을 쓰겠는가. 더구나 나처럼 이름도 없는 불문의 인사에게 하필이면 발문을 청한단 말인가. 한 마디로 거절하였더니 '어머님의 간청'이라 하지 않습니까. 나는 또 웃었지요.

어쩔 수 없이 원고를 받아들고 돌이켜 생각해 보니, 여사님의 부군과 나는 향산 고우(鄕山故友)요, 또 선대로 세의(世誼 : 대대로 사귀어 온 정의－편집자 주)가 있는 터에, 더구나 큰아드님인 박인기 교수와는 사제 간의 관계가 유별하니 매정하게 뿌리치기란 참 어렵더군요.

생각해 보니 인연은 또 있더랍니다. 이 책에서 자주 등장하는 이여사의 고향, 거창(居昌)고읍 웅양(熊陽)에는 그 일대의 연안 이씨 문중이 우러러 받드는 충의의 선비 충강공의 사당이 있지요. 그 곳 '포충사(褒忠祀) 충강공(忠剛公)' 향사(享祀)에 내 일찍이 춘사 제관(초헌관)으로 향화(香火)를 받든 적이 있었지요. 이 여사 또한 그곳 연안 이씨 문중 태생이니 충강공의 후예가 틀림없겠지요. 인간의 연이란 바로 이렇게 얽혀 있는 것을 볼 때 참으로 기묘한 것이라는 생각이 들더군요.

이숙영 여사! 어천하(於天下) 만물이 울지 않고 존재하는 것을 보셨나요. 모든 존재는 각기 자기의 성정(性情)을 따라 울음을 냅니다. 바람에 휘날리는 나뭇가지, 격하게 휘돌아 부딪치는 물결, 봄날 꽃과 새들의 울음, 여름의 먹구름과 천둥치는 굉음, 가을밤을 지새우는 귀뚜라미의 수심가, 겨울을 몰아치는 북풍한설(北風寒雪)……. 자연도 이러하거늘 하물며 영감의 주인공, 만물의 영장인 사람에 이르러서야 말하여 다시 무엇을 하겠습니까?

사람이 글을 쓴다는 것은 어떤 의미에서 이처럼 우주의 삼라만상이 각기 자기 울음을 내는 이치와 같다고 봅니다. 물론 글을 쓴다는 것은 힘과 공이 들어야 하는 노고입니다. 그런 까닭으로 글을 쓰는 일은 보람이기도 합니다. 특히 이런 수필 장르의 글쓰기는 세월과 더불어 작가의 인내와 울음이 오래

안으로 침잠했다가 마침내 자기 존재를 드러내는 방식으로 글이 나타나는 법이지요. 그래서 글쓰기는 한 송이 꽃을 피워내는 역정으로 비유되기도 하지 않습니까?

그런 뜻에서 매우 의미 있는 작업을 해 내셨다는 말씀을 드려야 하겠습니다. 울음과 인내의 세월이 잘 발효가 되어서 의식과 정서를 담은 한 편의 글로 여무는 것이라면, 여사 또한 여든 해 세월을 얼마나 울고 또 얼마나 참아내었을까 하는 생각을 합니다. 울음과 인내가 꼭 누구 때문이라고 꼬집을 것도 없습니다. 험난한 세월을 사는 일 자체가 울음을 짓는 일이고 참음을 감당하는 일이 아니고 무엇이겠습니까.

여사의 글이 그런 모습을 여실히 보여 줍니다. 적어도 오늘 한국사회의 시니어(senior) 세대에게는 그렇습니다. 온갖 시대적 사변들을 다 겪었지 않습니까. 변화는 또 오죽 가파르고 급했습니까? 그런 체험들을 관통하여, 어제 오늘의 인생살이를 차곡차곡 마음에 입력하여 자초지종의 역정을 여든 해 고개 마루에 탑으로 쌓아 올렸으니, 그 탑 〈사라지는 것들을 위하여〉는 참으로 장하십니다. 글쓰기의 뜻이 높고 그 드러냄은 미려합니다.

책장을 들추어 펼쳐보니 모두 6부로 짜여져 있더군요. 생애의 모든 체험과 견문이 한편의 연결고리로 맺어져 있더랍니다. 사라짐과 생겨남이 부침하고 그것이 시대상 안에 숨어 있는 어떤 연속성으로 드러나고 있기도 하더랍니다. 그것은 곧 이 여사 즉 작가 개인의 삶에 맞물려서 그 시대의 그림자가 생생하게 반영되어 있는 한 폭의 파노라마 같은 풍경 그림이라 할 수 있더군요. 해방 전 소녀 시절, 해방 전후의 여고 시절, 해방 직후의 처녀 시절, 다시 해방 공간의 무질서와 어지러움, 6·25의 참극, 그리고 근대화 민주화로 이어지는 우리 현대사의 긴 포물선을 눈으로 보는 듯 되새겨 생동하더군요. 어쩌면 그 울음을 그렇게도 잘 각인할 수 있었나요.

60년 전의 세월을 거슬러 있었던 처녀 시절 풍경들임에도, 여사의 이야기들이 낡은 잔해로 여겨지지 않고, 새록새록 새로운 감수성으로 되살아나는 것은 왜 그럴까 하는 생각도 해 봅니다. 아마도 인간의 아름다움에 대한 믿음을 작가가 가지고 있기 때문이 아닐까 하는 생각을 하게 됩니다.

새로운 것들에 쫓기고 밀려서 저만치 사라져 가는 것들임에도 어린 학창 경험과 처녀시절 생활 체험들은 비 개인 날의 수채화 같은 풍경으로 청신하게 다가온다는 느낌을 가집니다. 하기야 그 시대와 그 시절 사람들의 때 묻지 아니한 모습들을 생각해 보면, 여사가 베풀어 놓는 이야기들이 청신할 수밖에 없다는 생각도 하게 됩니다. 확실히 요즘 사람들은 60여 년 전의 사람들에 비해서 영악스러워진 것만은 사실이지요.

그런데 이 산문집 전체에서 그런 청신한 느낌이 유지되는 것에는 또 다른 요인 하나가 있다는 생각을 해 봅니다. 그것은 아마도 작가가 유지하고 있는 교양주의적인 태도 때문이 아닌가 생각합니다. 글 속에 나타난 이야기들로 미루어 보아, 이 여사는 아마도 자랄 때는 아주 철저한 유교 가치에 바탕을 둔 전형적 양반가의 가정교육을 받았고, 결혼을 하고서는 시댁의 청교도적인 기독교 가풍을 이어 받는 동안 교양적 성품을 가꾸었으리라 생각됩니다. 이런 교양주의적인 태도는 글쓴이의 경험과 고백을 어떤 계몽적인 가치로 끌어 올리고, 어떤 고상한 감정(또는 정신)으로 연결하게 하는 데에 효과가 있겠다는 생각을 해 봅니다.

그러나 인간만사가 지니고 있는 적나라한 현실을 전체적으로 보여주려면, 그것은 아무래도 수필의 영역을 넘어서는 것이 되어야 하겠지요. 그런 대목이 더러 눈에 뜨이기도 합니다. 이 여사 자신이 적극적인 화자(話者)가 되어서 풀어놓는 가슴 절절한 이야기 〈대식이와 순이의 짧은 행복 비망록〉과 〈새댁의 한〉은 수필과 소설 사이에 놓여 있는 작가의 창작적 욕구를 엿보게 합니다. 여사의 체험적 울음이 과거 현재 그리고 또 미래로 이어지는 큰 풍경화로 펼쳐져 진실하고 생생한 허구의 세계로 재구성 되었으면 하는 바람을 가져 보기도 합니다.

아무래도 이 산문집의 의의는 '사라져 가는 것'에 대한 가치를 소중하게 보듬는 데서 찾아야 할 것으로 생각합니다. 아마도 작가는 자신의 글쓰기 작업의 중요한 의미를 사라져 가는 것들에 대한 통찰에 두고 있다는 생각이 듭니다. 여러 편의 글들에서 거듭 확인되는 것이 있습니다. 현재의 우리들에게서 사라져가고 있는 것들이 지닌 가치를 재음미하고, 그것이 오늘의 지혜로 다시 스며들기를 바라는 기대가 도처에 배어 있습니다. 작가의 시대가 소중하게 생각했던 가치며 풍속이며 인심이며 감정들을 작가는 의미 있게 재현하여 반추합니다. 그것을 읽고 있노라면 우리는 은은하게 그 풍경들에 동화됩니다.

요컨대 사라져 가는 것들에 대한 작가의 애정 있는 통찰을 보게 됩니다. 그리고 전통적 모습들에 대한 아쉬움의 정서를 토로하면서, 그 속에 담긴 가치를 되새겨 봄으로써, '온고지신(溫故知新)'의 지혜를 가지려고 하는 것 같습니다. 그렇게 노력한 그 끈기와 은근은 흠선불이라고 해도 될는지요.

글을 읽으면서 이 여사의 다정다감을 여러 군데서 확인하게 됩니다. 여사는 자신의 인생행로에서 의미 있게 만나고 우연히 조우했던 사람과 사건들을 넉넉한 사랑과 연민의 마음으로 반추합니다. 그리고 그 모든 것과 맺은 운명적 만남에 대하여 겸허하게 다가가는 여유 있는 마음을 펼칩니다. 일상에서 겪는 일들을 다정하게 기억하려는 노력을 군데군데서 찾을 수 있습니다. 가족들에 대해서는 모성애의 사랑을 드리우고 이웃과 친구들에 대해서는 특유의 섬세한 감수성으로 다가서며, 심중의 다정다감한 심회를 펼쳐 보이는 대목을 보노라면, 여사의 인간상을 눈으로 보는 듯 절절해집니다.

그런가 하면 현실의 삶과 사회에 대해서 가지는 소박한 감회들도 엿볼 수 있더군요. 자신이 보는 문명 비판이나 세태 비판 같은 것들에서는 어떤 건강함을 느낄 수 있었습니다. 삶과 세계에 대한 작가 나름의 주관을 드러내어 보이는 대목들을 보면서 이 여사의 건강한 사회적 목소리를 들을 수 있었습니다.

글을 쓴다는 것은 곧 나를 쓴다는 것이겠지요. 나를 쓴다는 것은 본질적으로 세상을 향하여 내가 내 목소리를 가진다는 것 아니겠습니까. 그런 점에서 모든 글쓰기는 일종의 참여라고 생각합니다. 이 여사가 참여로써 나타내는 목소리는 반듯하게 다가옵니다. 그러나 그 분위기는 가파르지 않고 너그럽고 부드럽더군요. 나는 이것이 나이 든 사람의 미덕이고 숨은 힘이라고 생각합니다.

이런 미덕이 드러나는 것이 우연이지는 않은 것 같습니다. 여사의 심저에는 '감사의 철학'을 간직하고 그것을 신봉하며 실천하려는 노력이 있다고 느꼈기 때문입니다. 이 책의 마지막 장 〈내 잔이 넘치나이다〉가 그러한 모습을 여실하게 보여주더군요. 이것은 아마도 여사가 영향 받은 기독교 사상에서 온 것일 수도 있다는 생각을 해 보았습니다. 그러나 또 달리 생각하면 고단한 인생의 험로를 거치고 마침내 원숙한 지혜의 경지에 도달한 사람이라면 가질 만한 자기 발견의 세계일 수도 있다는 생각도 듭니다. 어쨌든, 종교적인 것이든 인생적인 것이든, 여사가 귀의하는 '감사의 세계'는 참으로 아름답습니다.

그런데 모든 것을 감사로 귀의할 수 있다는 것이 쉬운 일이 아니지요. 종교를 가지고 또 가져도, 나이를 먹고 또 먹어도 '감사'와는 담을 쌓고 사는 사람들은 또 얼마나 많은가요. '내 잔이 넘친다'고 고백한다는 것은 스스로 행복을 지어나가려는 노력의 일종 아니겠습니까? 행복과 불행을 하늘의 운세로 치고, 팔자소관으로 돌려보낼 수도 있을 것입니다. 하지만, 또 달리 생각하면 행복과 불행도 우리들 마음의 소관이라는 생각도 들지요. 그런 점에서 여사의 글쓰기는 '불행을 추방하는 지혜'에 가 닿으려는 노력인지도 모르겠습니다.

끝으로 여사의 건강을 빌면서 한 말씀을 더 보탭니다. '물은 부드러워도 돌을 뚫는 힘이 있다'고 했습니다. 지금 매일같이 살피고 읽고 쓰는 일이,

마치 부드러운 물이 돌을 뚫는 힘이 되듯, 장차 후대에까지 큰 힘으로 작용하기를 바랍니다. 이 산문집이 여사님의 가정과 이웃과 사회에 큰 감동의 힘으로 소통되기를 기대합니다.

그 동안도 출렁출렁 유유히 흐르는 여사님 내면의 그 율동의 울음과 언어는 일찍이 일순도 멈추어 쉼이 없었지요. 존재를 증명하는 울음의 율동이 과거 현재 그리고 또 미래로 전개되어 우리의 시간과 다음 세대의 시간을 이어가며 비추는 등불과 같은 것이 되었으면 합니다. 앞으로도 그런 글들을 건강하게 써 가시기를 빕니다.

부디 안녕하세요.

저자 **이숙영** 李淑永

1930년 경남 거창 웅양(熊陽) 산포리(山圃里)에서 태어났다. 향리에서 조부에게 한문을 익히고, 아홉 살 되던 해 서울 성북동으로 이사하여 교동국민학교를 졸업하고 정신고녀에 입학하였다. 1944년 정신고녀가 일제 탄압으로 폐교되자, 학교를 옮겨 1946년 8월에 풍문고녀를 졸업했다. 진학의 포부를 품었으나 완고한 집안의 분위기를 거스르지 못하였다. 향리 산포로 내려와 추억 풍성한 처녀시절을 보내었다. 1949년에 결혼하여 네 아들을 두었다.

이후 경북 김천에서 50여 년 가난한 교육자의 아내로 살며, 평소 독서와 글쓰기를 즐겨서 이를 생활과 더불어 실천하였다. 2002년 산문집 〈돌아보면 뉘 부르는 소리 있어(동아시아출판사)〉를 출간하였다. 평범한 사람의 오랜 생각과 세상 읽기도 견실한 글쓰기의 열매로 공유될 수 있음을 보여 주었다.

이숙영 산문집
사라지는 것들을 위하여

초판인쇄 2008년 7월 22일 초판발행 2008년 7월 31일

저자 이숙영
발행 제이앤씨
등록 제7-270

주소 서울시 도봉구 창동 624-1 현대홈시티 102-1206
전화 (02) 992 / 3253
팩스 (02) 991 / 1285
URL http://www.jncbook.co.kr / 제이앤씨북
E-mail jncbook@hanmail.net

ISBN 978-89-5668-622-6 03810 정가 18,000원